마지막
이 기 적
결   정

마지막 이기적 결정

초판 1쇄 펴낸날 2024년 12월 5일

지은이 원혜영
펴낸이 양승윤

펴낸곳 (주)와이엘씨
주소 서울특별시 강남구 강남대로 354 혜천빌딩 15층
전화 02-555-3200
팩스 02-552-0436
출판등록 1987. 12. 8. 제1987-000005호
홈페이지 http//www.ylc21.co.kr

값 18,800원
ISBN 978-89-8401-267-7 03190

• 영림카디널은 (주)와이엘씨의 출판 브랜드입니다.
• 소중한 기획 및 원고를 이메일 주소(editor@ylc21.co.kr)로 보내주시면,
  출간 검토 후 정성을 다해 만들겠습니다.

마지막 이기적 결정

원혜영 지음

영림카디널

Chapter 3

마지막, 내가 결정하다 – 다섯 가지 결정

잘 살다, 잘 죽다

01

새로운 인생을
시작하다

제20대 국회의원을 끝으로 정계를 은퇴하며 앞으로 무슨 일을 할지 생각해봤습니다.

'바야흐로 장수 시대, 앞으로 10년 안팎 정도는 더 활동할 수 있을 것 같은데, 무엇을 할까?'

그때 은퇴 이후의 삶을 새롭게 살기로 마음먹으며 시작한 일이 '웰다잉 문화운동'입니다. 웰다잉이란, '품위 있고 존엄하게 생을 마감하는 일'을 뜻합니다.

이 운동에 관심을 갖게 된 계기는 국회의원 시절 우연히 참석한 세미나에서 들은 이야기 때문입니다. 19대 국회 초에 한 세미나에 참석했는데, 그날의 주제가 '연명의료'에 관한 것이었습니다. 많은 사람들이 더 이상 치료될 가능성이 없는 상태에서도 인공호흡기나 심폐소생술 같은 연명의료를 계속 해야한다는 현실이 문제라는 발표를 들으며 머릿속에 두 가지 사건이 떠올랐습니다.

첫 번째 사건은 1997년 보라매 병원에서 일어난 일입니다. 그해 12월 술에 취해 화장실에 가다가 넘어진 김 씨가 보라매 병원 응급실로 이송되었습니다. 그날 저녁부터 다음날 새벽까지 응급으로 뇌수술을 받은 김 씨는 수술 후에도 자발 호흡이 어려운 상태였고 병원 측은 인공호흡기를 부착시키고 치료를 했습니다.

김 씨의 부인은 의료진이 자신의 동의 없이 남편을 수술했고, 자신은 간병과 입원비를 감당할 능력이 없다면서 퇴원시켜 줄 것을 요구했습니다. 당시 김 씨는 자발 호흡이 가능하지 않았으므로 인공호흡기를 제거하면 사망할 수 있는 상황이었습니다. 담당 의사는 김 씨의 상태가 더 악화될 수도 있지만 한편으론 회복할 수도 있다고 생각했습니다. 그래서 담당 의사는 김 씨의 퇴원 요구를 거절했지만 계속되는 가족들의 요구를 끝까지 거절하지는 못했습니다.

의료진은 가족에게 김 씨의 사망 가능성을 설명하고 '퇴원 후

법적인 이의제기를 하지 않겠다'는 귀가 서약서에 서명을 받은 후 퇴원을 허용했습니다. 김 씨는 수동 인공호흡기로 호흡을 유지하면서 인턴 의사와 함께 구급차를 타고 귀가했고, 집에 도착한 후 인턴은 인공호흡기를 제거하면 김 씨가 사망할 수 있음을 알리고 인공호흡기를 제거했습니다.

인공호흡기를 제거한 김 씨는 자발 호흡을 하지 못해 5분 후 사망하게 되었습니다. 이에 검찰은 김 씨의 부인을 살인죄로 구속하고 의사 3명을 살인죄의 공범으로 기소하였습니다. 재판부는 김 씨 부인을 부작위에 의한 살인죄, 담당 의사 두 사람은 살인을 방조한 살인방조죄로 인정하고, 인턴은 지시에 따라 퇴원 조치를 하였으므로 무죄라는 판결을 내렸습니다.

두 번째는 세브란스 병원 김 씨 할머니 사건입니다. 김 씨 할머니는 기관지 내시경을 이용한 폐종양 조직 검사를 받던 중에 과다 출혈로 심정지가 발생하였고, 뇌사는 아니지만 의식이 없는 식물인간 상태가 되어 인공호흡기를 부착하고 중환자실에서 연명의료를 받게 되었습니다. 평소 김 씨 할머니는 무의미한 연명의료에 대해서 부정적이었기 때문에 가족들은 의료진에게 연명의료 중단을 요청했지만 의료진 입장에서는 연명의료를 중단할 수 있는 법적 근거가 없었기 때문에 가족의 요청을 거절할 수밖에 없었습니다.

김 씨 할머니 가족은 할머니의 뜻과 존엄성을 훼손하는 연명의료를 중단하기 위해 인공호흡기 제거 청구 소송을 진행했고, 2009년 5월 21일 대법원은 김 씨 할머니의 인공호흡기를 제거하라는 판결을 내렸습니다. 대법원은 환자가 자신의 생명에 대한 자기 결정권을 행사하는 것으로 인정되고 회복이 불가능한 단계라면 연명의료를 중단할 수 있다고 보았던 것입니다.

이 두 가지 사건은 상당한 사회적 관심을 불러왔습니다. 게다가 김 씨 할머니처럼 자신의 생명에 대한 자기 결정권 행사를 인정하라는 대법원의 판례가 있었으므로 당연히 무의미한 연명의료를 받는 사람은 없을 것이라 생각했습니다.

그런데 많은 사람들이 무의미한 연명의료를 받을 수밖에 없는 게 현실이었습니다. 판결은 판결일 뿐이고, 현실은 많은 사람들이 본인이 원하지 않는데도 연명의료를 중단할 수 없다니! 이런 상황이 일어난 것은 두 가지 이유 때문이라고 생각했습니다.

첫째, 병원은 환자가 사망하지 않은 상태에서 연명의료를 중단하면 처벌을 받게 되기 때문에 연명의료를 계속할 수밖에 없었습니다.

둘째, 살아있는 생명에 대해 인위적으로 치료를 중단하는 것은 종교적으로나 도의적으로 옳지 않다는 사회통념 때문입니다.

의미 없는 연명의료 여부를 환자 본인이 결정하는 것은 생명을 경시하는 것이 아니라 자기 결정권의 문제이며 인간다운 삶의 마무리를 위한 선택입니다.

그 세미나에서는 이런 인식이 사회적으로 확산되어야 한다는 데 뜻을 모았습니다. 그리고 무의미한 연명의료에 대한 환자의 자기 결정권을 보장하는 법률이 만들어져야 한다고 결론을 내렸습니다. 이를 위해 제19대 국회에서 저를 비롯한 수십 명의 국회의원들이 〈웰다잉 문화 조성을 위한 국회의원 모임〉을 결성하고 연명의료에 대한 자기 결정권을 보장하는 법을 제정하기에 힘을 모았습니다.

그러한 노력이 결실을 맺어 2016년 초 국회에서 연명의료의 자기 결정권을 보장하는 법인, 「연명의료결정법」이 거의 만장일치로 통과되었습니다. 이 법은 2년의 준비 기간을 거쳐 2018년부터 시행되었고, 최근까지 250만 명이 넘게 사전연명의료의향서를 등록했습니다. 많은 분들이 본인의 희망에 따라 무의미한 연명의료를 받지 않을 수 있는 길이 열린 것입니다.

연명의료결정법 제정에 참여하면서 제가 배우게 된 것이 하나 있습니다. 아름답게 내 삶을 마무리하기 위해서 우리가 결정해야 할 일들이 연명의료 결정 이외에도 많이 있다는 것입니다. 내 뜻대로 내 삶을 마무리하려면 반드시 결정해놓아야 할 것들이 있습니다. 연명의료를 할지 말지, 유산을 어떻게 정리할지, 화장을 할지 매장을 할지, 비싼 수의와 관을 쓸지 말지, 장기 기증을 할지 등 모두 내가 결정해야 합니다.

또 한 가지 중요한 문제가 있는데, 바로 치매입니다. 요즘 치매를 앓는 분들이 늘어나고 있습니다. 내가 갑자기 의사 결정을 할 수 없게 되었을 때 내 모든 문제를 나를 대신해서 결정해 줄 사람, 후견인을 결정하는 일도 고민해봐야 할 일입니다. 이렇게 결정해야 할 것들이 많음에도 불구하고 웰다잉의 과제들은 우리 사회에서 거의 실현되지 못하고 있습니다.

사전연명의료의향서 등록은 아직 미미하고 유언장 작성의 비율은 통계조차 없습니다. 내가 결정해야 할 일들을 내가 하지 않을 때 그 결정을 병원이, 법원이, 장례업체가 하게 됩니다. 결코 바람직한 일이 아니죠. 나의 삶을 아름답게 마무리하기 위해서는 다른 누가 아닌 바로 내가 준비하고 내가 결정해야 합니다. 내가 결정해야 할 일들이 생각보다 많습니다.

아름다운 삶의 마무리를 위한 웰다잉의 많은 문제들을 여러분과 함께 고민하고 공부하며 실천하고 싶은 마음, 그것이 제가 '웰다잉 전도사'로 새로운 인생을 시작하게 된 까닭입니다.

✿ 꼭 알아야 할 웰다잉 용어

- **임종 과정**: 회생 가능성이 없고 치료에도 불구하고 회복되지 아니하며 급속도로 증상이 악화되어 사망이 임박한 사람

- **임종 과정에 있는 환자**: 담당 의사와 해당 분야의 전문의 한 명으로부터 임종 과정에 있다는 의학적 판단을 받은 자

- **말기 환자**: 적극적인 치료에도 불구하고 근원적인 회복의 가능성이 없고 점차 증상이 악화되어 보건복지부령으로 정하는 절차와 기준에 따라 담당 의사와 해당 분야의 전문의 한 명으로부터 수개월 이내에 사망할 것으로 예상되는 진단을 받은 환자

- **연명의료**: 임종 과정에 있는 환자에게 하는 심폐소생술, 혈액투석, 항암제 투여, 인공호흡기 착용 및 그밖의 의학적 시술로서 치료 효과 없이 임종 과정의 기간만을 연장하는 행위

- **연명의료 중단 결정**: 임종 과정에 있는 환자에 대한 연명의료를 시행하지 아니하거나 중단하기로 하는 결정

- **연명의료계획서**: 말기 환자 등의 담당 의사가 환자에 대한 연명의료 중단 결정 및 호스피스에 관한 사항을 계획하여 작성한 문서

- **사전연명의료의향서**: 19세 이상인 사람이 자신의 연명의료 중단 결정 및 호스피스에 관한 의사를 직접 작성한 문서

- **호스피스 완화의료**: 말기 환자로 진단을 받은 환자 또는 임종 과정에 있는 환자와 그 가족에게 통증과 증상의 완화 등을 포함한 신체적, 심리적, 영적 영역에 대한 종합적인 평가와 치료를 목적으로 하는 의료

02

행복한 인생을 위한
두 가지 용기

여러분은 행복한 인생을 살고 계십니까? 성공하면 행복한 인생일까요? 그렇다면 성공의 기준은 무엇입니까? 유명한 사람이 된다면, 부자가 된다면 성공한 인생일까요?

사람들이 느끼는 성공한 인생을 알아보기 위해 일반적으로 생각하는 '중산층'의 기준을 살펴보겠습니다.

대한민국에서 중산층이 되려면 '4인 가구 기준으로 월소득이 500만 원 이상이며 30평 이상의 아파트를 보유하고, 2000cc 이상의 승용차를 몰며 연 1회 이상 해외여행을 갈 수 있다'는 조건을 충족해야 된다고 합니다. 그런데 프랑스의 중산층 기준은 다소 특이합니다. 한 가지 이상의 외국어를 할 수 있고, 직접 즐기는 스포츠가 있어야 하고, 다룰 줄 아는 악기가 있어야 하고, 남들과 다른 맛의 요리를 하나 이상 만들 수 있어야 하며, 약자를 도우며 꾸준히 봉사활동을 해야 중산층으로 인정받을 수 있다고 합니다.

한국의 중산층과 프랑스 중산층의 차이가 무엇일까요? 대한민국 중산층의 기준은 모두 돈과 직결되어 있습니다. 나이가 들고 경제력이 없는 사람에게는 이룰 수 없는 꿈입니다. 하지만 프랑스 중산층의 기준은 운동하기, 연주하기, 요리하기, 봉사하기처럼 누구나 노력하면 할 수 있는 일입니다.

한쪽은 물질적 측면을 강조하고 다른 쪽은 사회·문화적 가치를 강조합니다. 한쪽은 노력하면 이룰 수 있고, 다른 쪽은 노력해도 쉽게 얻을 수 없습니다. 두 나라의 중산층 기준을 비교해보면 우리 사회의 가치관이 어디에 중점을 두고 있는지가 느껴집니다. 그런데 다른 사람들이 정한 틀에, 그것도 이루기가 너무 어려운, 옳다고 느껴지지 않는 틀에 나의 성공과 행복의 기준을 맞추는 것이 맞을까요? 다른 사람들이 생각하는 성공한 삶이 과연 나를 행복하게 만들어 주는지 진지하게 한번 생각해 볼 일입니다.

축구 경기 내내 이기다가 막판에 역전패를 당하면 우리는 그 경기를 망친 게임으로 기억합니다. 경기가 하나의 이야기이기 때문입니다. 인생도 한 편의 이야기입니다. 한 사람의 인생을 평가할 때 그 사람이 살아온 모든 순간을 평균 내서 평가하지는 않습니다. 한때 빛나는 시절이 있었다고 해도 마지막이 쓸쓸하다면 행복한 삶, 성공한 삶을 살았다고 말할 수 없지 않을까요? 남의 평가도 그렇지만 내 자신이 살며 평가하는 삶의 나날도 그렇습니다. 결말이 중요합니다. 인생의 결말, 노년기를 잘 살아내는 것이 그래서 중요합니다.

생각하면서 살려고 노력해라.
아니면 사는 대로 생각하게 될 것이다.

- 폴 부르제, 프랑스 시인

미국의 의사 아툴 가완디가 쓴 『어떻게 죽을 것인가』라는 책은 웰다잉의 교과서로 여겨지고 있습니다. 그 책에서는 인간이 나이 들어 더 이상 자신의 신체를 돌볼 수 없게 되었을 때 부딪히는 문제를 다양한 실제 사례들을 통해 적나라하게 보여주고 있습니다. 특히, 현대 의학이 생명을 유지하고 연장하는 데는 능숙하지만 개개인이 독립성을 유지한 채 자신이 원하는 방식으로 죽음을 맞이하는 것에 대해서는 지나치게 무관심함을 비판하고 있습니다.

Chapter 1 잘 살다, 잘 죽다

가완디는 나이 들고 병들어가는 과정에서 두 가지의 용기가 필요하다고 말합니다.

첫 번째 필요한 용기는 '삶에는 끝이 있다는 현실을 받아들일 수 있는 용기'라고 말합니다. 우리는 죽음을 말할 수 있어야 합니다. 죽음이 다가올 때 의사를 포함해서 주변 사람 대부분은 죽음을 입에 올리는 것을 기피합니다.

그러나 죽음을 말하기를 기피하면 망상만 키우게 된다고 저자는 지적하고 있습니다. 죽음을 자주 말할 수 있을 때 내가 살아갈 마지막 인생에 익숙해질 시간을 벌게 됩니다. 용기를 내서 너무 늦기 전에 충분히 이야기를 나눔으로써 앞날을 대비할 수 있습니다. 달라이 라마는 죽음에 대해 이렇게 말했습니다.

"오래되고 낡고 찢어진 옷은 바꿔 입어야 하는 것처럼 육체도 망가지면 이와 같은 이치인 것이다. 죽음이란 이처럼 간단하며, 신비하거나 어두운 일이 아니다."

참으로 긍정적이고 명료하지 않습니까!

두 번째 필요한 용기는 '우리가 찾아낸 진실을 토대로 행동할 수 있는 용기'입니다. 살날이 얼마 안 남았다고 느낄 때 삶의 초점은 '바로 지금' '여기'로 변하게 됩니다. 일상의 소소한 기쁨과 가장 가까운 사람들에게 집중하게 됩니다.

사람은 누구나 나이를 먹고 병이 들어 죽어가게 됩니다. 생의 마지막을 받아들이면 오늘 하루 내 삶의 사소한 것들이 귀하게 느껴집니다. 파란 하늘의 구름을 보고, 나뭇잎을 흔드는 바람을 느끼고, 따스한 햇살을 쬐고, 좋아하는 음악을 듣는 사소한 일상의 소중함을 깨닫고 감사하게 됩니다. 매일 아침 눈을 뜨면 볼 수 있는 가족의 얼굴이, 가까운 지인에게 거는 전화 한 통의 소중함을 느낄 수 있습니다.

삶에는 끝이 있다는 현실을 받아들일 수 있는 용기, 우리가 찾아낸 진실을 토대로 행동할 수 있는 용기, 이 두 가지 용기는 인생의 마지막 시간을 보내며 꼭 필요한 용기입니다. 우리 모두는 인생의 마지막 시간 동안 삶의 결말을 아름답게 맺기 위한 용기를 내야합니다.

삶이 소중한 이유는 언젠가 끝나기 때문이다.

- 프란츠 카프카, 독일 소설가

03

초고령 시대,
준비하지 못한 미래

2020년 대한민국에는 중요한 통계적인 변화가 있었습니다. 역사상 처음으로 사망자의 수가 출생자의 수보다 많아진 것입니다. 이는 우리 사회가 저출생 고령화 사회로 접어들었음을 말합니다. 국제적으로 고령화를 3단계로 구분합니다. 65세 이상 노인이 전 인구의 7% 이상이면 고령화 사회, 14% 이상이 되면 고령 사회, 20% 이상이면 초고령 사회로 봅니다.

대한민국은 2000년 고령화 사회에 진입하였고, 2017년 인구의 14%인 700만 명 이상이 노인인 고령 사회 국가가 되었습니다.

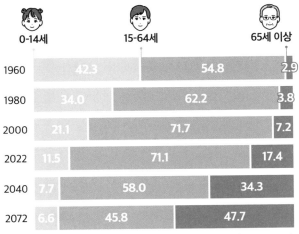

	0-14세	15-64세	65세 이상
1960	42.3	54.8	2.9
1980	34.0	62.2	3.8
2000	21.1	71.7	7.2
2022	11.5	71.1	17.4
2040	7.7	58.0	34.3
2072	6.6	45.8	47.7

출처: 통계청, 〈장래인구추계: 2022~2072〉

그리고 8년 후인 2025년에는 전 인구의 20%가 노인층인 초고령 사회에 진입하게 됩니다. 5천만 국민의 20%인 천만 명이 노인인 시대가 열리는 것입니다.

문제는 우리나라가 지나치게 빠른 속도로 고령화되고 있다는 점입니다. 고령화 속도가 세계적으로 빠른 일본도 1970년 고령화 사회에 진입한 후 2005년 초고령 사회로 진입할 때까지 35년이 걸렸습니다. 그런데 우리는 25년입니다. 변화의 속도가 빠르면 그 변화의 의미를 이해하는 것도, 대응하는 것도 어려워질 수 있습니다.

게다가 우리는 심각한 저출생 문제까지 안고 있습니다. 2023년 우리나라 합계출산율은 0.72명으로 선진국의 대체출산율 2.1명에 비해 턱없이 모자란 수치입니다. 저출생의 심각성을 인지하고 그 대책을 마련해야 한다는 문제제기는 1980년대 초부터 대두됐던 일입니다. 하지만 정부의 인식과 대응이 효과적으로 이루어지지 않았기 때문에, 저출생 문제가 해결되지 않고 점점 더 심각해지고 있습니다.

연령별 인구(0~14세)	연령별 인구(15~64세)	연령별 인구(65세 이상)
5,485,245 (명)	36,327,585 (명)	9,938,235 (명)
통계청, 장래인구추계, 2024년	통계청, 장래인구추계, 2024년	통계청, 장래인구추계, 2024년

출처: 국가통계포털

이런 장수 사회의 도래는 전 세계적인 추세입니다. 20세기 초 40~50세였던 평균 수명이 21세기 접어들어 70~80세로 늘어났습니다. 우리의 경우 1970년대 초 평균 수명이 60세 전후였는데, 최근에는 80세를 훌쩍 넘어섰습니다. 불과 수십 년 사이에 한 세대인 20~30년을 더 살게 된 것입니다. 이는 초유의 사태입니다. 인류 역사상 가장 중대한 변화입니다. 따라서 앞으로 가장 중요한 일은 초고령화 사회, 천만 노인 시대를 대비하는 일입니다.

그런데 안타깝게도 정부도, 사회도 또 개개인들도 여기에 대한 대비가 충분하지 않습니다. 초고령화 사회는 준비하지 못한 채 닥쳐온 미래입니다. 이제부터라도 준비해야 합니다. 정부가 웰다 잉에 대한 종합대책을 수립하고 추진하고 점검해야 합니다. 특히 국회가 앞장서서 웰다잉 기본법을 제정해야 합니다.

탄생하는 사람보다 죽어가는 사람이 더 많은 시대, 우리 시민들은 자기의 죽음에 대해서 성찰하고 준비하고 결정함으로써 자기 삶을 품위 있게 마무리할 수 있어야합니다. 또 그걸 통해서 가족의 부담을 덜어주고 사회 갈등을 줄이는 일은 개개인에게 중요할 뿐 아니라 사회적으로도 국가적으로도 정말 중요한 과제입니다.

오래 사는 것, 축복일까?

몇 살부터 노인일까요? 정년퇴직을 하는 60세를 넘으면 노인일까요? 아니면 공식적으로 경로우대증이 주어지는 65세가 넘으면 노인이라고 해야 할까요? 참 애매합니다. 60세에 들어서며 힘들어하는 사람이 있는 반면, 더 나이가 들어서도 왕성한 활동을 하는 사람도 있으니까요.

노화라는 것은 신체적, 심리적, 사회적인 측면 모두를 포함하는 복합적인 발달영역을 나타내기 때문에 단순히 '나이'를 노화의 기준으로 삼는 것은 무리입니다. 발달심리학에서는 노인을 '생리적, 생물학적 면에서 쇠퇴기에 있는 사람. 심리적인 면에서 정신 기능과 성격이 변화되고 있는 사람, 사회적 측면에서 지위와 역할이 상실되어 가는 사람'이라고 정의합니다.

작가 에밀리 폭스 고든Emily Fox Gordon은 노년기를 가리켜 "해가 갈수록 몸도 마음도 점점 나빠진다고 느낄 때, 본인과 옆에서 당신 젊어 보인다고 칭찬해 주는 지인들까지 나이 든다는 게 마냥 나쁜 일만은 아니라고 생각하는 때, 그때가 노년기이다"라고 말합니다.

다시 말해, 노인이란 스스로 '내가 늙었구나'를 느낄 때 붙여야 하는 호칭인 것 같습니다. 자신의 늙음을 스스로 인정하는 심리적 자각이 있다면 여러분의 노년기가 시작된 것입니다. 그렇다면 사람들은 노인을 어떻게 생각할까요?

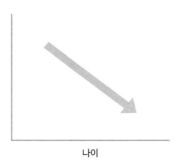

나이

이 그래프를 보면, 나이가 들수록 화살표는 밑으로 급격하게 내려가고 있습니다. 가로축은 나이를 나타냅니다. 그렇다면 세로축은 무엇일까요? 세로축에는 그 사람의 모든 것을 대입할 수 있습니다. 외모, 신체 능력, 창의력 등등. 모든 면에서 노인이 되면 그 능력이 떨어진다고 생각한다는 말입니다. 그래서 나이 드는 게 슬픈 일이라고 말하는 것일지도 모릅니다.

얼마 전 한 유명 프랜차이즈 카페 주인이 오랜 시간 자리에 머문 고령자 손님에게 건넨 쪽지가 이슈가 된 적이 있었습니다. 쪽지에는 "고객님, 매장이용 시간이 너무 깁니다. 젊은 고객님들은 아예 이쪽으로 안 오고 있어요"라는 메모가 적혀 있었습니다. 사건이 이슈가 되자 카페 주인은 해당 손님이 커피 한 잔을 시키고 7시간을 머물렀다며 변명을 했고 '카페에서 오랜 시간 자리를 점령하는 것은 에티켓이 아니다'라는 사람들과 '노인이라고 차별하는 것이냐'는 사람들로 나뉘어 갑론을박이 일어났습니다.

누구의 잘못이냐를 논하려는 것이 아닙니다. '젊은 고객님들은 아예 이쪽으로 안 오고 있다'는 문장에서 노인을 바라보는 우리 사회의 시선을 미루어 짐작할 수 있기 때문입니다. 어린이들의 출입을 금지하는 '노키즈존No Kids Zone'에 이어 60세 이상 노인들의 출입을 금지한다는 '노시니어존No Senior Zone' 카페가 등장하고 있습니다. 굳이 '노시니어존'이라는 표시를 붙이지 않아도 나이 든 사람이 들어가면 눈치를 주는 가게도 많습니다. 동방예의지국이라 불리며 노인을 공경하던 우리 사회에 어느새 혐노의식이 만연하게 되었다는 방증입니다.

저출생 초고령 사회를 살고 있는 우리는 머지않아 젊은 사람 한 명이 노인 한 명을 부양해야 하는 시기를 맞이하게 됩니다. 통계청이 발표한 '세계와 한국의 인구현황 및 전망'에 의하면 2072년 우리나라 인구는 30.8% 줄어드는 반면 고령인구 구성비는 2072년 47.7%로 증가할 것으로 예측됐습니다. 생산연령인구(15~64세) 100명당 부양해야 할 고령인구를 뜻하는 노인부양비도 급격히 늘어나 2024년 27.4명에서 2072년 104.2명으로 증가할 것으로 전망됐습니다. 젊은이가 땀 흘려 번 돈으로 노인을 부양하는 의무를 짊어지게 되는 것이니 그들의 입장에서는 부담이 아닐 수 없습니다.

국민의 20% 이상이 노인인 초고령 사회에서 그 노인들이 소외되어 산다는 것은 참으로 슬픈 일입니다. 세대 간의 갈등이 심각한 사회가 건강한 사회일 리 만무합니다. 또, 20%나 되는 국민이 스스로를 '모든 능력이 떨어지는 사람'이라고 생각한다면 그 사회의 활력은 기대할 수 없습니다.

얼마 전 식당에서 우연히 옆자리에 앉은 사람들의 이야기를 듣게 되었습니다. 백발이 성성한 80대쯤 되어 보이는 점잖은 노인들의 동창모임인 것 같았습니다. 간간이 들려오는 이야기 중에 한 분이 "건강관리 잘 해야 해. 재수 없으면 120살까지 살 수도 있으니까"라고 말씀하시는 것입니다. 놀라운 것은 친구분들의 반응이었습니다. 허허 웃으며 농담 취급하는 것이 아니라, 한 분도 빠짐없이 진지하게 고개를 끄덕이며 수긍하는 모습에 어쩐지 마음이 영 불편했습니다.

120살까지 사는 것은 왜 운이 없는 일이 되었을까요? 늙는다는 것이 정말 나쁜 일일까요? 나이가 들면서 생기는 자연스러운 노화현상을 모두 질병으로 여기고 치료해야 할 문제로 봐야 할까요? 노인이 되면 인생의 기쁨과 활력이 정말 끝나는 것일까요?

제가 어릴 때만 해도 장수는 좋은 일이었고 삶은 고귀한 것으로 여겼습니다. 하지만 이제는 장수를 부정적으로 보는 시각이 늘어났습니다. 노인 인구의 빠른 증가가 불러온 현상일 것 같습니다. 1955~1963년에 태어난 1차 베이비부머 세대는 초고령 사회를 맞이하는 최초의 세대가 될 것입니다. '최초'라는 의미는 롤모델이 없음을 뜻합니다. 사회는 빠르게 변하는데 이 변화에 어떻게 적응해야 하는지 아무도 정답을 알려주지 못하니, 장수의 삶이 축복으로 느껴지지 않을 수 있습니다.

〈플랜 75〉라는 영화가 있습니다. 플랜은 계획plan이라는 뜻이고, 75는 나이입니다. 영화에서 초고령 사회에 진입한 일본은 청년층의 부담을 줄이기 위해 75세 이상 국민을 대상으로 죽음을 도와주는 제도 '플랜 75'를 발표합니다.

"75세 되셨어요? 태어날 때 계획해서 태어나신 거 아니시죠? 죽을 땐 계획해서 죽으실 수 있게 도와드릴게요"라며 죽음을 선택한 국민을 위한 정부의 토털 케어 시스템이 시행됩니다. 죽음을 서약하면 10만 엔을 일시불로 지급하고, 안락사를 시켜주고, 화장장도 무료 제공합니다. 세입자라면 집 열쇠 반환까지 맡아줍니다. '플랜 75'를 3년간 시행한 결과 관련 민간 서비스업이 동반 성장하며 1조 엔의 경제 효과가 발생합니다. 정부는 '플랜 75'를 '플랜 65'로 확대 실시하는 방안을 검토 중이라고 발표합니다.

영화 〈플랜 75〉는 초고령 사회의 위기를 다큐보다 더 다큐 같은 가상현실을 통해 보여주며 깊은 인상을 남겼습니다.

연출을 맡은 하야카와 치에 감독은 이렇게 말했습니다.

"혐오와 무관심이 지속된다면 언제든 끔찍한 일이 또 일어날 수 있다는 생각에 영화 제작을 결심했다. 영화를 통해 인간의 존엄성보다 경제와 생산성을 앞세우는 참혹함을 담고자 했다. (……) 사회의 편협함과 무관심에 대항할 수 있는 가장 큰 힘은 연민이다. 영화에 등장하는 두 젊은이가 차츰 현실을 깨달아가듯 연민의 힘으로 희망을 밝혀갔으면 좋겠다."

《씨네 21》에 실린 영화 리뷰에서 허남웅 평론가는 "자발적 선택으로 포장된 사회적 강요가 초래할 노년의 가까운 미래, 아니다가온 현재"라고 평하고 있습니다. 초고령 사회가 다가오면서 영화 〈플랜 75〉에서 본 것과 같은 사회적 이슈는 점차 증가할 것입니다. 생산성을 근거로 사람을 제거의 대상으로 본다면 그 누구도 예외가 될 수 없습니다.

인류 역사상 처음 맞이하는 장수 시대, 초고령 사회를 맞으며, 우리 사회 구성원 모두가 진지하고 폭넓은 대화와 모색을 통해서 우리가 나아가야 할 바를 잘 찾아내면 좋겠습니다. 노인의 삶에 대해 새로운 시각과 해석이 정말 필요한 때입니다.

준비한 자만 누릴 수 있다

노년기는 인생에서 가장 길고 개인차도 가장 큰 시기입니다. 어떤 사람은 60세부터 시름시름 아프고, 어떤 사람은 노익장을 과시하며 90세, 100세를 당당하게 맞습니다. '오래 살면 뭐해. 빨리 죽어야지'라고 말하는 사람은 대부분 건강이 나쁘거나 경제적 어려움을 겪고 있을 확률이 크다는 우스갯소리가 있습니다.

한국은 OECD 국가 중 노인 자살률 1위인 국가입니다(2023. 10. 3일 매일경제신문). 65세 이상의 연간 자살자 수는 3,500명으로 10만 명당 39.9명이며, 80세 이상은 10만 명당 60.6명으로 증가하고 있습니다. 젊어서 열심히 일하고 늙어서 의지할 곳이 없어 스스로 생을 마감하는 사람이 이렇게 많다는 것은 참으로 애석하고 안타까운 일입니다.

보건복지부 조사에 따르면 노인들이 자살을 시도하는 가장 큰 원인으로 정신과적 원인이 31.6%, 경제적 원인이 25.7%, 신체적 질병이 18.4%를 차지한다고 합니다(보건복지부, 중앙 자살 예방 센터, 〈2020 자살 예방 백서〉). 사실 '경제, 건강, 정신'이 세 가지는 서로 밀접한 관련이 있어서 어느 한 부분만 따로 떼어 얘기하기 어려운 문제입니다. 이런 조사 결과들은 노인들이 처한 환경과 스트레스를 미루어 짐작할 수 있게 만듭니다.

한국의 노인 상대 빈곤율은 50%에 달합니다. 선진국 중 복지 제도가 잘 갖추어지지 않은 미국에 비해서도 2배가 넘는 수치입니다. 우리가 길에서 폐지를 줍는 노인들을 어렵지 않게 발견하는 이유이기도 합니다. 대부분의 노인들은 경제적으로 완전히 소외된 상태입니다.

건강상태는 더 말할 것도 없습니다. 일반적으로 80세가 넘으면 건강문제로 생활에 지장을 느낀다고 합니다. 한국인의 평균 수명은 2022년 기준으로 82.7세, 건강 수명은 65.8세라고 합니다. 평균 수명은 사람들이 평균적으로 누린 수명을 말하고, 건강 수명은 질병과 장애 없이 건강하게 살 수 있는 기간을 의미합니다.

건강 수명이 평균 수명을 훨씬 밑도는 현재 상태로는 10년 이상의 기간을 건강문제로 힘겨운 시간을 보내게 된다는 의미입니다. 정신적으로도 취약해져서 누군가에게 의지하지 않고 살아가기 힘든 상태가 됩니다. 무력감에 빠져 삶의 의욕을 잃어버리기도 합니다. 가정에서, 사회에서 점점 소외된다고 느끼며 재미도 활기도 없는 하루하루를 연명하듯 보내게 됩니다. 자립과 자유는 먼 이야기가 되고 그 결과 상실감과 무력감은 더 깊어집니다.

천만 노인의 시대에는 노인의 삶에 대한 새로운 시각이 필요합니다. 우리는 보통 인생을 1막과 2막으로 표현하는데, 이제는 3막으로 확장해야 합니다. 얼마 전까지는 태어나서 성장하고 일을 하다가 그리 오랜 시간을 보내지 않고 세상을 떠났습니다. 그러나 지금은 장수 시대입니다. 노인이 된 후에도 20~30년을 더 활동할 수 있습니다.

그러니 노년기를 인생의 제3막, 마지막 장으로 설정하는 것이 맞는 것 같습니다. 1막, 2막의 두 차례 무대에서 보여주었던 것에 조금도 뒤지지 않는, 또 하나의 시작이 인생 3막입니다. 새로운 인생, 3막이 시작되었다고 생각하고 살아간다면 장수도 축복이 될 수 있습니다. 그런데 진짜 축복이 되기 위해서는 미리 계획하고 준비해야 합니다. 준비 없고 계획 없는 장수는 절대 축복이 될 수 없습니다.

나이가 들어 몸과 마음에 노화가 찾아오고 현업에서 은퇴한 사람들은 자신의 남아 있는 인생이 특별할 것 없는 나머지 인생이라고 생각하기 쉽습니다. '그저 죽음을 기다리는 시간'이라고 말하는 걸 들은 적도 있습니다. 그러나 절대 그렇지 않습니다. 남아 있는 시간도 멋진 인생이 될 수 있습니다. 덤으로 사는 인생이 아니라 여전히 활기차게 누릴 수 있는 나의 인생입니다.

　　그런 나의 인생을 멋지게 만들 수 있는 주체는 바로 나입니다. 사람들은 청년의 시기를 굉장히 오랜 시간에 걸쳐 준비합니다. 물론 우리나라는 자신이 하고 싶은 일을 찾거나 건강한 시민이 되기 위한 준비를 하는 것보다는 학교에 진학하고 직장을 찾는 것에 많은 준비가 집중되어 있어서 아쉽긴 하지만 그러지 않기가 어려운 환경이니 참 안타까운 일이죠. 그래도 어찌 되었든 많은 시간을 진학이나 취업을 위한 준비 기간으로 보냅니다.

　　하지만 노년의 시기를 어떻게 건강하며 즐겁고 보람 있게 보낼 것인가를 위한 준비는 거의 없는 것 같습니다. 옛날엔 평균 수명이 짧아 나이가 들었나 싶게 세상을 떠나는 일이 많았습니다. 60세를 넘기기가 쉬운 일이 아니어서 60세만 넘으면 너도 나도 환갑잔치를 크게 했던 거지요. 1970년대만 해도 우리나라의 평균 수명은 63세였으나 지금은 평균 수명이 80세가 넘습니다. 1차 베이비부머 세대가 이미 은퇴했고, 2차 베이비부머 세대가 은퇴를 앞두고 있습니다. 노년층이 빠르게 늘어나고 있습니다. 그래서 예전보다 노년기를 잘 준비하여 내 뜻대로 바라는 삶을 사는 것이 어느 때보다 중요해졌습니다.

04

'잘 살다'의
완성은 '잘 죽다'

셰익스피어의 작품 중 〈끝이 좋으면 다 좋다〉라는 제목의 희곡이 있습니다. 인생도 마찬가지입니다. 젊은 시절을 어떻게 보냈는지와 상관없이 이 세상을 떠날 때 아름답고 존경스러운 모습으로 떠나는 사람을 보면 우리는 '그분이 잘 살았다'고 생각합니다. '잘 사는 것'도 어려운데 무슨 '잘 죽는 것'까지 준비하느냐고 생각하실지도 모르겠습니다. 하지만 '잘 죽는 것'이야말로 '잘 사는 것'의 완성입니다. 그리고 내 삶의 마지막 단계에 필연적으로 찾아오는 죽음을 미리 대비하는 노력과 결정이 바로 '잘 죽는 것', 웰다잉입니다.

어떤 일이든 결산을 잘해야 개선하고 발전시킬 수 있습니다. 성공의 지름길이 바로 결산을 잘하는 것입니다. 우리가 일기를 쓰는 것도 어찌 보면, 하루를 결산하는 것입니다. 또, 한 해를 마무리하면서 결산을 하면 그 다음 해에 보다 개선되고 발전된 계획과 실천이 가능해집니다.

우리가 나이 먹었다고 느끼거나 은퇴를 하거나 어딘가 몸이 점점 안 좋아지고 있다고 느끼는 것은 바로 우리의 삶을 한 번쯤 결산해 볼 때가 되었다는 신호입니다. 이럴 때 살아온 삶에 대해 성찰해본다면 앞으로의 삶을 보다 아름답고 풍부하게 만들어 줄 것입니다. 앞으로의 삶을 더 건강하고 뜻있고 아름답게 만들기 위해서 우리는 무엇을 해야할까요? 바로 웰다잉에 관련된 과제들을 한 번쯤 생각해보고 계획을 세워야 합니다.

우리는 죽음을 언급하기 꺼려하는 사회문화 속에서 살아왔습니다. 대문호 톨스토이의 저서 『이반 일리치의 죽음』 중에 이런 문장이 있습니다.

"죽음을 인정하면 현재를 더 세심하게 느끼며 거기서 인생의 참 행복을 찾을 수 있게 된다."

정말 공감하는 글귀입니다. 우리는 죽음을 말해야 합니다. 죽음을 준비하는 자세야말로 인간의 삶을 통해서 반드시 필요한 일입니다.

그런데 현대의학 덕분에 죽음은 필수가 아닌 최후의 선택이라는 허상이 만들어졌습니다. 죽음은 최대한 미루면 미룰수록 좋은 일이 되어 버린 것입니다. 그러나 죽음은 선택이 아니라 필수입니다. 병원에 아무 의식 없이, 많은 줄을 끼고 누워 있던 주변 지인들을 보면 최대한 미룬다고 좋은 일도 아닙니다.

그러니 죽음에 대해 자주 말할 수 있어야 합니다. 죽음을 자주 말하면 피할 수 없는 무언가에 익숙해질 시간을 벌게 됩니다. 그리고 준비할 수 있게 됩니다. 용기를 내서 너무 늦기 전에 죽음에 대해서 충분히 이야기를 나누고 그럼으로써 앞날을 대비해야 합니다. 그렇게 되면 긴 노년의 인생도 당당하게, 평안하게 보낼 수 있습니다.

우리 속에 존재하는 모든 것은 동일하다.
삶과 죽음, 깨어있음과 잠, 젊음과 늙음.

- 헤라클레이토스, 그리스 철학자

삶의 마지막 시간이 다가오면 생각하고 결정해야 할 일들이 많습니다. 건강과 생명, 재산과 신체에 대한 결정들을 해야 합니다. 연명의료를 받을지 안 받을지 내가 결정해야 합니다. 연명의료를 받지 않는다면 대안으로서 호스피스 완화의료를 받을 것인지 여부도 결정해야 합니다.

연명의료에 대한 결정이 법으로 보장돼 있음에도 아직까지 250만 명이 조금 넘는 분들만이 사전연명의료의향서를 등록하고 있습니다. 사후 장기기증에 대해서도 마찬가지입니다. 오랫동안 장기기증의 의미와 필요성을 얘기했지만 실제로 이루어지고 있는 것은 미미합니다.

내가 사망한 후 치르는 장례도 내가 결정하는 것이 좋습니다. 다른 사람이 아니라 나의 장례이지 않습니까? 이 세상에서 하는 나의 마지막 작별 인사를 자식이나 장례업체의 뜻에 맡기지 말고 내가 원하는 대로 계획할 수 있어야 합니다.

'비싼 수의나 관을 쓰지 말라'라고 결정해 놓으면 자식들은 그대로 따르게 됩니다. 내가 미리 결정하지 않으면 자식들끼리 '우리 어머니 또는 우리 아버지 마지막 가는 길인데 무리해서라도 비싼 거 해드리자'고 어떤 자식이 얘기하고 또 어떤 자식은 '왜 무의미하게 많은 비용 들여서 그렇게 하느냐', '내일이면 화장장 또는 묘지에 흙으로 돌아갈 분에게 그렇게 비싼 물건 쓰는 것을 아버지 어머니가 원하겠느냐?'라고 얘기할 수 있습니다. 그러다 싸움이 나기도 합니다.

빈소를 차리는 문제와 장례 기간에 관한 문제도 있습니다. 과연 사흘장이 최선인가, 아예 빈소를 차리지 않고 추모식이나 장례식만 하면 어떨지, 이런 것들을 미리 생각해서 결정해두면 좋을 것 같습니다. 나의 장례를 내가 계획해서 준비하는 것이 좀 낯선 느낌일지 모르겠지만 충분히 내가 할 수 있는 부분입니다.

재산에 대한 정리도 중요합니다. 평생 땀 흘려 모은 재산을 내 뜻대로 나누어주는 일은 지극히 당연한 권리이자 책임입니다. 그러려면 유언장을 써야 합니다. 우리 사회는 유언장을 쓰는 문화가 없습니다. 조사해도 통계가 안 잡힐 정도로 미미합니다. 아마 0.5%도 안 되는 것 같습니다. 그에 비해서 미국은 성인의 56%가 유언장을 씁니다. 미국에서는 대부분의 사람이 유언장을 쓰니까 모두들 유언장은 당연히 써야 되는 것으로 생각합니다.

반면, 우리는 아무도 유언장을 안 쓰니까 나도 써야 되는지 모르겠고, 막상 쓰려고 보면 어색합니다. 또, 어떻게 써야 되는지도 모르고, 어떻게 보관해야 되는지도 모릅니다. 그러다 보니 부모님이 돌아가시고 나면 적든 크든 재산의 상속문제로 가족 간에 다툼이 일어납니다.

우리나라에 유언장을 쓰는 문화가 형성되지 않은 이유는 오랜 세월 동안 대부분의 사람들이 유산을 쪼개서 물려주고 말고 할 여지도 없었기 때문입니다. 하지만 지금은 열심히 일해서 깨끗하고 소중한 재산을 모은 사람들이 많이 계십니다. 그분들이 늙어가고 세상을 떠나가고 있습니다. 유언장을 써서 땀 흘려 모은 재산을 내 뜻대로 정리하는 것은 나의 책임이고 권리입니다. 왜 그것을 포기해서 자식 간에 의를 상하게 하고 법정에 가서 부끄러운 꼴을 연출하게 합니까? 유언장을 쓰는 문화야말로 시급히 자리 잡아야 할 시대적 과제입니다.

영국을 여행하다 보면 길거리마다 채러티숍charity shop을 쉽게 발견할 수 있습니다. 채러티숍은 중고품 자선가게의 개념으로, 중고 물건을 기부받아 수리해서 다시 판매하는 가게인데, 영국 전체에 약 20만 개나 있다고 합니다.

서민뿐 아니라 왕실 가족들과 상류층도 자신이 쓰던 물건을 내놓고 또 사가는 것을 당연하게 여깁니다. 전 국민의 3분의 2가 매년 채러티숍에서 한 번 이상 지원봉사를 하고 기부금을 낸다고 하니 기부문화가 얼마나 뿌리 깊게 자리 잡고 있는지 짐작할 수 있습니다. 또, 아이들은 1년에 3~4번 정도 머프티데이Mufti Day를 정해서 그날은 교복을 입지 않고 등교하는 대신 1파운드씩 기부하는 행사를 엽니다. 놀이처럼 보이지만 어릴 때부터 나눔의 중요성과 사회적 실천을 배우게 됩니다.

이렇게 직접 체험하는 나눔 문화는 어른이 되어서도 다양한 방식으로 자리 잡게 되는데 그중 하나가 유산 기부입니다. 세상을 떠나면서 내가 남기는 재산의 일부를 좋은 일에 쓰도록 기부하는 것을 유산 기부라고 합니다. 영국에서 20세기 후반에 시작된 유산 10% 기부하기 운동인 '레거시10 운동'은 좋은 모델이 됩니다. 영국 전체 기부금의 30% 이상을 유산 기부가 차지하며 그 비율은 점점 더 늘어나고 있다고 합니다. 우리 사회도 나눔과 기부에 좀 더 관심을 기울이면 좋겠습니다.

세상을 떠나면서 크든 작든 내가 열심히 모은 재산의 일부를 나누는 것은 정말 가치 있는 일입니다. 평소에 마음은 있지만 생활에 떠밀려 하지 못했던 기부를 유언으로 남기면, 내가 모은 재산이 얼마가 되었든 어려운 사람을 도울 수도 있고, 좋은 일을 하는 단체를 후원할 수도 있습니다.

일상에서 기부를 실천하는 일은 익숙하지 않을 수 있습니다. 그에 비해, 유산 기부는 내가 죽었을 때 어차피 가져가지 못할 재산의 일부를 세상을 떠나면서 조금이나마 나누는 것입니다. 나의 재산을 내 뜻대로 정리하는 유언장 문화가 자리 잡는 것과 함께 그 일부를 정말 좋은 일에, 하고 싶었던 일에 쓸 수 있도록 기부하는 문화도 만들어지면 좋겠습니다.

재산 정리 못지않게 중요한 것이 관계 정리입니다. 인생의 마무리 단계야말로 관계 정리가 반드시 필요한 시기입니다. 미워하던 사람을 용서할 수 있으면 최대한 용서하고, 또 반대로 나의 몸과 마음의 기력을 빼앗던 관계가 있다면 슬슬 정리하는 것도 나이 듦의 지혜입니다.

또한 소중한 나의 가족들과 보내는 시간들도 반드시 잘 계획해서 정리해야 할 일입니다. 후회 없도록 가족들과 많은 추억을 만드는 게 좋습니다. 혹시 자녀들끼리 관계가 좋지 않은 가정이 있다면 장기적인 계획을 세워서 형제자매를 화목하게 만들고 가는 것도 부모로서 참으로 근사한 일이라 생각합니다.

주변에 둘러봐야 할 친척들이나 친구, 지인들이 있는지도 생각해 보십시오. 고마웠던 사람들, 사랑하는 사람들에게 '고맙다' '사랑한다'는 내 마음을 전할 수 있는 마지막 기회를 놓치면 얼마나 안타까운 일인가요? 또, 나의 전화 한 통, 나의 방문 한 번, 나아가 여유가 있다면 내가 사는 밥 한 번이나 작은 도움 하나가 그들에게 다시 살아갈 용기가 될 수 있다면 정말로 멋진 일이지 않을까 싶습니다. 노년기에 참으로 할 일이 많다는 생각이 들지 않으십니까? 이렇게 '잘 죽는 것'을 준비하는 과정이 '잘 사는 삶'을 만들어줍니다.

05

품위 있는 죽음을
선택한 사람들

웰다잉 문화운동이 본격적으로 확산된 계기는 아마도 2016년 국회에서 「호스피스 완화의료 및 연명의료 결정에 관한 법」, 약칭인 「연명의료결정법」이 제정된 때일 것입니다. 그런데 19대와 20대 국회에 걸쳐서 〈웰다잉 문화조성을 위한 국회의원 모임〉을 만들고 참여하면서 마지막까지 노력했지만, 이루지 못한 것이 바로 웰다잉 기본법 제정이었습니다.

웰다잉의 여러 분야들을 정리하고 각 분야별로 필요한 자기결정권을 어떻게 보장하고 지원할 것인가를 상세하게 기록하는 기본법이 꼭 필요합니다. 22대 국회에서는 웰다잉 기본법이 꼭 제정될 수 있기를 바랍니다.

과거에는 나이 들어서 병 들면 돌아가시는 게 자연스러운 일이었습니다. 그런데 요즘은 노환으로 인한 별세가 거의 없습니다. 대부분 암, 심장병, 뇌졸중, 당뇨 같은 병을 진단받고 그 병을 고치려고 끝까지 노력하다 병원에서 임종을 맞이하게 됩니다. 문제는 병을 고칠 수 없는데도 무의미한 의료가 계속되는 경우입니다. 나의 연명의료는 내가 결정해야 합니다. '연명의료는 받지 않겠다'고 결정하면 내가 뜻한 바대로 죽음을 맞이할 수 있습니다. 우리나라의 사망자 중 병원에서 죽는 비율이 77%입니다. 세계에서 가장 높은 비율이지요.

그동안 웰다잉에 관심을 갖고 실천하기 위한 많은 노력들이 있었습니다. 각 당 복지재단, 〈사전연명의료의향서 실천모임〉, 〈대한 웰다잉 협회〉, 〈사랑의 장기기증 운동본부〉 같은 단체들이 다양한 활동을 통해 웰다잉 문화의 싹을 키워왔습니다. 웰다잉을 몸소 실천한 개인의 역할도 빠질 수 없습니다. 품위 있는 죽음, 웰다잉의 역사를 만들어 온 몇몇분의 삶을 소개합니다.

김수환 추기경은 우리나라 최초의 추기경이자 사회 운동가였습니다. 1987년 6.10 항쟁 당시 명동성당으로 피신한 대학생들을 품으며 시위대를 강제 진압하려는 경찰에게 "맨 앞에 내가 있을 것이고, 그 뒤에 신부들, 그 뒤에 수녀들, 그리고 그 뒤에 학생들이 있다. 공권력을 투입하려면 나를 밟고 가라"며 맞선 이야기는 아직까지 유명합니다.

교황 선출권을 가진 최고위 성직자라는 높은 신분을 가졌지만 스스로를 낮추며 가장 낮은 곳에 있는 사람들을 돌보려고 애쓰셨습니다. 선종 당시 김수환 추기경의 통장 잔액은 1000만 원 정도였다고 합니다. 그 돈마저도 신도들을 위해 묵주를 선물하는 데 쓰라는 말을 남겼습니다. 폐암으로 건강이 악화되자 인공호흡기 장착 등 일체의 연명의료를 거부하셨습니다. 평소 장기 기증 의사를 밝혀온 고인의 뜻에 따라 장기를 기증해서 삶의 마지막 순간까지 다른 생명을 살리셨습니다. 추기경께서 장기 기증을 하고 돌아가셨다는 말씀이 보도되자 장기 기증 서약이 무려 6배나 늘었다고 합니다.

당신이 태어났을 땐
당신만이 울었고
당신 주위의 모든 사람들이
미소를 지었습니다.

당신이 이 세상을 떠날 때엔

당신 혼자 미소 짓고

당신 주위의

모든 사람들이 울도록

그런 인생을 사십시오.

- 북아메리카 인디언 나바호족의 경구

　법정스님의 유언 역시 웰다잉 운동과 같은 흐름을 가지고 있습니다. 법문과 산문집 등을 통해 '버리고 떠나기'와 '무소유'를 가르치신 법정스님은 자신이 세운 길상사의 회주를 한동안 맡은 것을 제외하고 사찰 주지 한 번 지내지 않을 만큼 욕심 없이 가난하고 검소한 수행자의 삶을 사셨습니다.

　폐암으로 건강이 위독해지자 연명의료를 거부하고 조용히 삶을 마무리하시며 '장례나 제사 같은 것은 아예 소용없는 일'이라하며 '그토록 번거롭고 부질없는 의식이 만약 내 이름으로 행해진다면 나를 위로하기는커녕 몹시 화나게 할 것이다'라는 유언을 남겼습니다.

　스님의 장례는 본인의 뜻대로 아주 소박한 다비식으로 진행되었고 유산으로 남긴 머리맡의 책 몇 권은 스님의 유언에 따라 1970년대 봉은사로 매일 아침 신문을 배달했던 강 모 씨에게 전달했다고 합니다.

꧁꧂

우리가 살아가고 있다는 것이 죽음 쪽에서 보면

한 걸음 한 걸음 죽어 오고 있다는 것임을 상기할 때,

사는 일은 곧 죽는 일이며,

생과 사는 결코 절연된 것이 아니다.

- 법정스님의 유언 중에서

웰다잉 문화운동의 다양한 분야 중에서 완전히 자리를 잡아 더 이상의 홍보나 캠페인이 필요 없는 영역이 있습니다. 바로 화장 문화입니다. 불과 20여 년 전까지 형편이 안 되는 사람이 어쩔 수 없이 하는 장사법이라고 여기던 화장이 생활문화로 확립된 것은 저절로 된 것이 아니라 많은 분들의 노력이 있었기 때문입니다.

SK의 전신 선경그룹 창업자인 고 최종현 회장은 500억 원의 사재를 기부해 아름다운 화장 시설을 건설하게 했습니다. 그 덕분에 화장이 낯설고 예의를 벗어난 문화가 아니라 깔끔하고 편리한 문화로 느낄 수 있게 되었습니다. 고 최종현 회장은 스스로도 매장이 아닌 화장을 택했습니다.

이분들 외에도 아름다운 마무리를 준비한 많은 분들의 노력이 오늘날 웰다잉 운동의 싹이 되고 토대가 되었습니다. 자기 삶을 아름답게 마무리하기 위한 노력들을 우리가 본받아서 우리 사회가 좀 더 품위 있고 후대를 생각하는 사회로 바뀌어 나가기를 희망합니다.

웰다잉 운동을 시작하면서 제가 받은 아주 큰 선물이 있습니다. 바로 내 삶의 영역이 확장되었다는 것입니다. 사람들은 죽음은 생각하기도 싫은 것으로 여깁니다. 어차피 마지막에는 죽을 텐데 뭘 또 미리 준비하고 결정하기까지 하냐고 생각하기도 합니다. 그보다는 현실을 사는 것에 온통 관심이 많지요.

저 역시 그중 하나였습니다. 그런데 웰다잉 운동을 통해 '어떻게 죽을 것인가' '죽음을 어떤 자세로 받아들일 것인가' '그 죽음을 내가, 내 스스로의 결정에 의해서 잘 준비하기 위해 무엇이 필요한가' 하는 것들을 생각하고 또 실행하는 과정에서 내 삶의 지평이 확산되는 것을 느끼게 되었습니다.

이전에는 죽음을, 삶의 마지막 순간에 피치 못하게 마주해 내 삶을 강제로 마감시켜버리는 존재처럼 생각했습니다. 죽음은 단절이고 파멸이고 무엇보다 삶의 붕괴라고 생각했습니다. 하지만 웰다잉 운동을 통해 삶을 잘 마무리하는 것이 내 삶을 더 풍요롭고 품위 있게 만든다는 것을 몸소 체험하게 되었습니다.

죽음에 대한 인식의 변화로 내 삶은 더 깊어졌고 더욱 넓어졌음을 느끼고 있습니다. 웰다잉 운동을 통해 나는 인생을 있는 그대로 받아들이고 더 폭넓게 삶을 누릴 수 있게 된 것입니다.

Chapter 2

잘 나이 들다

01

나이 듦에도
준비가 필요하다

● **나이 들면 능력은 정말 퇴보하는가?**

🌿──── 늙는 건 두려울 수 있습니다. 그러나 두려움이 우리
의 눈을 가리게 해서는 안 됩니다. 나이가 들면 지적능력이 떨어
진다고 하지만 그 반대인 경우도 있습니다. 미국 노인정신의학 전
문의 마크 아그로닌 박사의 연구에 의하면, 인간의 뇌는 나이가
들어도 성장을 멈추지 않으며 스스로 신경회로를 바꾸는 신경가
소성neuroplasticity이 있다고 합니다. 노년기에 접어들면 신경가소성

이 작용해 지혜, 회복탄력성, 창의성 같은 능력이 발달하며, 젊음을 되돌리는 비법은 역설적으로 '나이 듦 그 자체'라고 합니다.

아크로닌 박사는 자신의 책 『지금부터 다르게 나이 들 수 있습니다』에서 "우리 몸과 두뇌가 다양한 양상으로 퇴보하는 건 분명하다. 하지만 전체적인 기능은 전과 다름없이 안정적으로 작용하며 어떤 측면은 오히려 개선되기도 한다. 더 현명한 결정을 내릴 수 있는 건 한창 젊을 때가 아니라 당연히 노년인 지금일 것이다"라고 했습니다.

역사적으로도 우리 몸과 뇌의 기능은 나이가 들며 퇴보할 수 있지만 전체적인 기능은 안정적으로 작용할 수 있으며 어떤 측면에서는 오히려 더 개선되기도 한다는 것을 보여주는 사례들은 무수히 많습니다.

프랑스의 화가 앙리 마티스는 노년의 창의성을 꽃피운 대표적인 케이스입니다. 피카소와 함께 20세기 최고의 화가로 꼽히는 마티스는 생애 말기에 대장암 선고를 받게 되었습니다. 수술 후에도 각종 합병증으로 몸이 쇠약해진 마티스는 침대에 누워 생활했습니다. 이전처럼 붓을 들고 그림을 그리기가 힘들었고, 폐 건강을 위해 물감을 쓰지 말하는 처방을 받았습니다. 하지만 마티스는 포기하지 않고 붓 대신 연필을 들고 간결한 그림을 그렸습니다. 물감을 쓰는 대신 종이를 오려 캔버스에 배치하는 방식의 컷 아웃

컷아웃 기법으로 제작한 마티스의 〈재즈〉 등 노년에 그린 드로잉 작품들

기법이라는 새로운 화풍을 개발해냈습니다.

　나이가 들어도 마티스처럼 열정이 있다면 뭔가 해낼 수 있습니다. 포기하지 않는 뚝심과 놀라운 지혜로 새로운 길을 열 수도 있습니다. 마티스는 새로운 기법을 발견해냈고 위대한 작품을 만들어냈습니다.

　그 외에도 노년기의 장점은 많습니다. 노년기에는 가정과 직장에서 받는 스트레스가 감소합니다. 젊은 시절보다 충동적인 감정을 잘 다스릴 수 있습니다. 나이가 들면 상대방의 감정을 잘 알게 됩니다. 비관적인 사고 대신 낙관적인 사고를 할 수 있습니다. 살다 보면 살아지고, 모든 것은 다 지나간다는 지혜를 삶으로 체득했기에 어떤 일도 이겨낼 수 있습니다. 스트레스에 더 노련하게 대처할 수 있습니다.

이렇듯 늙는 것은 단점만 있지 않습니다. 나이 듦의 장점에 주목하고 그 장점을 살리는 지혜와 노력이 필요합니다.

◉ 89세까지 예술혼을 불태운 조각가

르네상스 시대의 조각가 미켈란젤로는 위생상태가 나빴던 15~16세기에도 89세라는 긴 세월을 살며 세상을 떠나기 전까지 손에서 끌과 망치를 놓지 않았습니다. 건강을 염려한 사람들이 좀 쉬면서 일하라고 만류할 때도 "저승 가서 쉬면 된다. 거기서는 할 일이 없을 테니까"라며 작업을 멈추지 않았습니다. 그 유명한 시스타나 성당의 천장화를 그릴 때 이런 일화가 있다고 합니다.

미켈란젤로가 받침대에 누운 채 천장 구석에 작은 인물 하나를 정성스레 그려 넣고 있었습니다. 그때 친구가 다가와 미켈란젤로에게 물었습니다.

"그렇게 구석진 곳에 잘 보이지도 않는 인물 하나를 그려 넣으려 그 고생을 한단 말인가? 그게 완벽하게 그려졌는지 누가 알겠나?"

그러자 미켈란젤로가 대답했습니다.

"내가 알지."

일생 동안 일을 놓지 않고 살았던 미켈란젤로는 1564년 2월 18일 세상을 떠날 때 이런 말을 남기며 눈을 감았다고 합니다.

"괜찮은 인생이었어. 하느님은 나를 버리려고 만드신 것이 아니었어."

우리가 많이 듣는 얘기들 중에 로토에 당첨된 사람들이 대부분 행복해진 게 아니라 불행해졌다는 얘기가 있습니다. 왜 그럴까요? 저는 준비 없이 찾아온 행운이기 때문에 그렇다고 생각을 합니다. 로마의 철학자 세네카는 '행운은 준비가 기회를 만났을 때 일어나는 것'이라고 했습니다. 행운은 나의 준비와 노력 여부와 관계없이 저절로 주어지는 것이라고 생각하기가 쉽습니다.

아닙니다. 내가 평소에 준비하고 노력했을 때 기회가 찾아오고 그것이 행운으로 연결되는 것입니다. 준비 없이 좋은 기회가 오지도 않고, 설사 기회가 오더라도 준비가 되어 있지 않으면 그것을 나의 소중한 기회로 만들어낼 수 없습니다.

웰다잉도 마찬가지입니다. 사람이 살면서 반드시 겪게 되는 한 가지가 바로 죽음입니다. 좋은 죽음, 품위 있는 죽음을 맞이하는 것이 나의 삶을 아름답게 완성합니다. 죽음을 외면하고 회피하려고 하더라도 죽음은 반드시 찾아옵니다. 우리는 죽음을 선택할 수 없습니다. 하지만 죽음에 대한 준비를 잘했을 때, 그 죽음이 좋은 죽음이 될 수는 있습니다.

내 삶의 마무리 준비를 잘하느냐 아니냐에 따라 내 인생이 내 뜻대로 아름답게 마무리될 수 있느냐 아니냐가 결정됩니다. 행운이 내가 준비를 잘하고 기회를 포착했을 때 얻어지는 결과물인 것처럼, 죽음을 잘 준비하며 맞을 때 좋은 죽음, 웰다잉이 가능합니다. 따라서 웰다잉에 대한 결정과 실천이 매우 중요합니다.

잘 나이 들기 위한 체크리스트

오프라 윈프리는 행복한 은퇴 생활의 체크리스트를 이렇게 정리하고 있습니다. '나의 삶을 내가 통제하고 있는가' '자금 활용을 잘하고 있는가' '자부심을 느끼는 일을 하는가' '좋은 친구가 있는가' 'TV를 너무 많이 보지는 않는가' '나의 라이프 스타일이 배우자의 라이프 스타일을 보완해 주는가' '원하는 만큼 여행하는가' '창조적인 일에 얼마나 시간을 쓰는가' '너무 많이 불평하지 않는가' '내가 가진 것에 감사하는가' '끊임없이 새로운 것을 배우는가' '행복한가' '행복을 위해 필요한 것을 하는가' 같은 것들입니다.

대부분의 항목들이 공감되며 나를 돌아보게 되는 것들입니다. 여러분은 얼마나 준비가 되어 있는지 한번 확인해 보시기 바랍니다.

✅ 행복한 은퇴 생활을 위한 체크리스트 10

		그렇다	아니다
1	나는 삶을 스스로 주도한다		
2	나는 자금 활용을 잘하고 있다		
3	나는 자부심을 느끼는 일을 하고 있다		
4	나는 마음을 나눌 좋은 친구가 있다		
5	나는 TV를 적당하게 본다		
6	나는 배우자 또는 가족들에게 도움이 된다		
7	나는 가끔 여행을 한다		
8	나는 이전에 하지 않던 새로운 일을 한다		
9	나는 불평보다 감사할 일을 더 많이 찾는다		
10	나는 행복해지기 위해 노력한다		

스스로 통제하기

은퇴하면 무한한 자유가 생깁니다. 그럴 때 자신의 삶을 통제하는 것은 정말 중요한 일입니다. 만일 '나는 은퇴해서 할 일도 없는데 내 삶을 통제할 일이 뭐가 있지?'라고 생각한다면 내가 삶을 통제하는 것이 아니라 내 삶을 포기하는 것입니다. 그럴수록 내가 삶의 주인이 되어야 됩니다.

은퇴 후에는 사람들이 시키는 일을 하는 것이 아니라 내가 하고 싶은 일을 할 수 있습니다. 은퇴 후 나의 삶을 주도적, 적극적으로 살기로 마음먹어 보십시오. 이전에는 알지 못했던 재미있는 일거리가 많다는 것을 알게 됩니다. 내 모든 생활을 스스로 계획을 세워서 재미있고 보람되게 보내야 합니다.

자리에서 일어나 밖으로 나가,
온전하게 살겠다는 선택을 하자.
그렇게 당신의 여행은 시작된다.

- 오프라 윈프리, 미국 방송인

슬기로운 자금 활용

독일의 극작가 브레히트Brecht, Bertolt의 말처럼 인생은 짧고 돈은 늘 부족합니다.

생활방식에 따라 노후 자금도 크게 달라지겠지만, 대부분은 장수 시대의 노후를 살아가기에 상당히 부족할 것입니다. 그럴수록 계획적인 자금 활용을 꼭 해야 합니다. 소비를 할 때 몇 가지 원칙을 세우고 그 기준에 맞춰 소비해야 합니다. 그런 의미에서 금전출납부를 쓰는 것은 중요한 일입니다.

은퇴 후 계속 일을 하는 것도 좋은 방법입니다. 최근 은퇴 시기를 늦추거나 다시 일하는 은퇴자들이 늘고 있다고 합니다. 물론 금전적인 이유가 다는 아니겠지요. 은퇴 후 계속 일을 하면 경제적으로 도움이 될 뿐만 아니라, 신체적, 정신적 활력을 유지하는 데 도움이 됩니다.

헨리 데이비드 소로는 "부자로 죽는 것보다 부자로 사는 것이 더 좋다"라고 말했습니다. 또 어니 젤린스키는 『은퇴 생활 백서』에서 "'부'란 돈이 많은 것이고, '풍요'란 돈을 즐기는 것이다"라고 했습니다.

소유는 부자가 되는 조건의 반쪽입니다. 진정한 부자는 소유와 소비 모두를 잘하는 사람입니다. 오랜 시간 돈을 모으려고 노력했다면, 그 돈을 가치 있게 잘 쓰기 위한 노력도 필요합니다. 큰 재산을 소유하는 것은 어려운 일이지만 더 어려운 것은 이 재산을 잘 쓰는 일입니다.

사회공동체를 위한 봉사

자원봉사를 하는 은퇴자들이 자원봉사를 하지 않는 은퇴자보다 더 행복하고 오래 산다고 합니다. 미시간 대학의 연구에 의하면 자원봉사를 하는 노인들은 자원봉사를 하지 않는 노인보다 향후 7년 후 사망 위험률이 67%나 낮아진다고 합니다.

베푸는 사람이 최고의 수혜자입니다. 베푸는 사람은 존경을 받게 되고, 자부심과 마음의 평화를 얻기 때문입니다. 베푸는 것은 누구나 언제든지 할 수 있습니다. 봉사를 절대 하지 못하게 법으로 금지했거나 감독하는 사람이 있는 것도 아닙니다. 자부심을 느낄 수 있는 일이 무엇인가 찾아보고 그것을 실천하는 것은 내 생활을 품위 있게 바꾸고 자긍심을 느끼게 하는 소중한 일입니다.

좋은 친구는 보석보다 귀하다

은퇴 후의 삶을 만족스럽게 보내고 행복을 느끼게 만드는 가장 중요한 요소가 친구입니다. 좋은 친구가 있는지, 긴밀하고 지속적인 관계를 유지하는 사람이 있는지 여부가 그 사람의 삶을 얼마나 아름답고 넉넉하게 만드는가를 결정한다고 합니다.

미시간 대학교 심리학과의 연구에 따르면 행복한 노후와 불행한 노후에 영향을 미치는 것은 돈보다 사회적, 정서적 요인이라고 합니다. 많은 친구가 필요한 것은 아닙니다. 마음을 나눌 수 있는 친구 두세 명만 있어도 충분합니다. 여러분이 은퇴를 한 후에는 함께 있으면 행복하고 재미있는 친구 두세 명과 깊은 우정 쌓기를 추천합니다.

지금까지 마음을 나눌 친구가 없었다면 이제부터 만들면 됩니다. 내가 즐기는 활동을 통해 친구를 만나면 함께 취미를 공유할 수 있다는 장점이 있습니다. 수영, 게이트볼 같은 단체 운동은 친구를 만나기 좋은 곳입니다. 대학이나 단체의 평생교육 강좌에 참여하는 것도 추천합니다.

교회나 성당 같은 종교모임이나 봉사단체도 새로운 친구를 만들 수 있는 장입니다. 중요한 것은 가만히 있는 것이 아니라 적극적으로 친구를 찾는 것입니다. 또래가 아니어도 친구가 될 수 있습니다. 다양한 연령층의 친구를 만들면 내 삶이 더 역동적으로 변할 수 있습니다.

이전에 알고 지내던 사람과 깊은 우정을 나눌 수도 있습니다. 알던 사람도 자주 연락하고 만나면 깊은 관계로 발전할 수 있습니다. 미국의 시인 랄프 왈도 에머슨도 '친구를 얻는 유일한 방법은 내가 친구가 되는 것'이라고 했습니다.

만약 사람이 살면서 새 친구를 사귀지 않는다면,
곧 홀로 남게 될 것이다.
사람은 우정을 계속 보수해야 한다.
- 사무엘 존슨, 영국 문학가

TV 멀리하기

아침에 일어나서 TV 켜고 잘 때 *끄는* 생활은 시간이 많은 은퇴자들에게 익숙한 생활 패턴입니다. TV 시청은 손쉽게 할 수 있는 오락 거리입니다. 한 연구에 따르면 미국에서 은퇴한 사람은 일주일에 평균 26시간을 TV 시청에 사용한다고 합니다. 하루 평균 4시간씩 TV를 시청한다는 것은 실제로 많은 사람들이 훨씬 긴 시간을 TV 시청에 사용한다는 것입니다.

그런데 TV에 이렇게 많은 시간을 의지해서는 안 됩니다. 의식적으로 TV를 꺼야 됩니다. 심심해서 TV를 보고 있다면 지금 당장 TV를 *끄고* 일어나 친구들과 모임을 가지거나, 지인의 집을 방문하거나, 게이트볼 팀이나 배드민턴 팀에 들어가 시간을 보내기 위해서 노력해야 됩니다.

그 모든 게 안 되는 상황이라면 산책을 하거나 산에 오르는 것도 좋습니다. 편한 옷을 입고 자연 속으로 들어가서 천천히 호흡하고 천천히 땅을 밟는 것이 TV를 보는 것보다 100배 낫습니다. 은퇴 후 행복한 생활을 할 가능성은 TV를 시청하는 시간과 반비례한다는 말도 있습니다.

베스트셀러 작가 돈 미겔 루이스는 『네 가지 약속』에서, "행동한다는 것은 온전히 살아있다는 증거다. 행동하지 않는 자는 삶을 부정하는 자로 살아있는 것을 두려워하고 자기의 존재를 표현할

모험을 하고 싶지 않은 까닭에 수년간 매일 TV 앞에 웅크리고 앉아 있다"라고 했습니다.

라이프스타일 맞추기

아직 배우자가 있는 분들의 경우이겠지만 은퇴하면 배우자와 함께 생활하는 시간이 많아집니다. '은퇴'라는 것은 생활의 큰 변화를 가져옵니다. 그중 가장 중요한 영역은 부부가 함께하는 시간이 많아진다는 것입니다. 천만 노인 시대인 요즘은 자식들을 떠나보내고 부부가 함께 지내는 '빈 둥지 시기'가 연장되었습니다.

'빈 둥지 시기'에는 부부 간의 원만한 관계가 삶의 질을 좌우하는 중요한 요인이 됩니다. 문제는 은퇴 후에 부부관계가 나빠지는 경우가 많다는 점입니다. 내 생활 습관이나 라이프스타일이 배우자의 라이프스타일과 잘 조화되는지, 또 상대방의 스타일에 내가 맞추고 돕고 있는지 살펴봅시다.

뭔가 하고 싶은 일 중에서도 이왕이면 상대방이 하고 싶어하거나 좋아하는 일을 선택하도록 노력해야 합니다. 산책을 좋아하는지, 영화를 보더라도 어떤 스타일의 영화를 좋아하는지 파악하는 것처럼 상대방과 맞춰야 할 일은 많습니다. 하지만 그 어느 것도 저절로 찾아지는 것은 없습니다. 찾으려고 노력을 해야 찾을 수 있는 것입니다.

함께 취미생활을 하고, 함께 음식을 만들어 먹으며 대화하고 칭찬하고 서로 감사하며 격려하는 부부가 장수하고 행복합니다. 실제로 백 살을 산 이탈리아의 한 할머니는 장수 비결을 '부부 간의 칭찬과 감사'라고 짚은 적이 있습니다.

진실하게 맺어진 부부는
젊음의 상실이 불행으로 느껴지지 않는다.
왜냐하면 같이 늙어가는 즐거움이
나이 먹는 괴로움을 잊게 해주기 때문이다.

- 앙드레 모로아, 프랑스 작가

여행 즐기기

여행은 은퇴 후 삶을 풍요롭게 해주는 행사입니다. 일상을 떠나 나의 삶을 돌아보고, 타인의 삶과 세상을 보는 시각을 넓힐 수 있는 인생 공부의 장입니다. 어디를 가든 새로운 것을 배울 수 있으며, 삶의 활력을 불어넣어 줍니다.

옛날에는 시간이 없어서 못 가고, 돈이 없어서 못 갔던 시절이 있었지만 지금은 그런 핑계를 대기가 쉽지 않습니다. 버스나 지하철 타고 갈 수 있는 곳도 많습니다. 게다가 지하철은 공짜입니다.

지하철을 타면 용평도 가고, 춘천도 가고, 온양까지 내려갑니다. 경로 우대를 해 주는 곳도 많습니다. 덕수궁도 공짜로 들어갈 수 있습니다. 갈 곳을 찾아보세요. 가려고 노력하는 것이 생활을 활기 있게 만들어줍니다.

만일 여행을 가려고 마음먹었다면 계획을 세워야 합니다. 함께 가는 사람을 고려해서 목적지를 잘 설정하고, 내가 좋아하는 일을 할 수 있도록 여행 계획을 세웁니다. 여행을 할 때는 관광객 전문 식당보다는 그 지역의 풍물을 느낄 수 있는 식당이나 카페를 찾아갑니다. 여행지에서 만난 사람들과 어울려 보는 경험도 좋습니다. 나만의 특별한 추억이 담긴 장소를 찾아 여행하는 것도 특별한 기억이 될 수 있습니다.

지나치게 빽빽한 여행 스케줄을 짜기보다는 아무 일정이 없는 자유시간을 반드시 넣도록 합니다. 그리고 여행에는 늘 예측하지 못한 돌발 상황이 생길 수 있음을 염두해 두고 모든 과정에 긍정적인 태도로 임하는 것이 필요합니다. 또 몸의 컨디션을 잘 조절하는 것도 중요합니다.

여행은 정신을 다시 젊게 하는 '샘'이다.

- 한스 크리스티안 안데르센, 덴마크 동화작가

새로운 일에 도전하기

당신은 창조적인 사람입니까? 피카소는 "모든 아이는 예술가다. 문제는 성인이 된 후에도 어떻게 예술가로 남아 있느냐 하는 것이다"라고 말했습니다. 사람은 모두 다 창의적입니다. 다만 계발할 기회를 얻지 못했을 뿐입니다. '나는 재능이 없는 사람이야' '나는 창의적이지 않아'라는 생각에 갇혀 있지 말고 지금까지 해보지 않았던 새로운 일에 도전해 보십시오.

어릴 적 시인이 되는 꿈을 꾸어본 적이 있다면 시 쓰기에 도전해 보세요. 화가를 꿈꾸었다면 그림을 그려보세요. 발레리나가 되고 싶었다면 춤을 배워보세요. 악기를 배우고, 책을 읽고, 사진을 찍고, 조각을 하고, 작곡을 하고, 시를 써보세요. 무엇이 되었든 여러분이 관심이 있고 도전해 보고 싶은 활동을 찾아 시작해 보세요. 예술적인 취미는 잃어버린 감성을 회복시켜 주고 인생을 더 활기차게 살 수 있게 해줍니다.

어떻게 시작해야 할지 모르겠다면 대학의 평생교육원이나 문화센터, 복지관의 문을 두드려 보세요. 끊임없이 새로운 것을 찾으려고 노력했을 때 내 삶이 새로워집니다. 창의력은 예술 활동에서만 만들어지는 것이 아니라 일상생활 속에서 하지 않았던 일을 시도하는 것만으로도 키워집니다.

늘 사용하는 오른손 대신 왼손으로 양치질 해보기, 마트에 갈 때 늘 다니는 길과 다른 길로 가보기, 한 번도 타지 않았던 버스를 타고 어디론가 가보기, 새로운 요리를 만들어보기처럼 새로운 일에 도전하는 것이 도움이 됩니다.

불평은 적게 감사는 많이

나이가 들면 화가 많아진다고 합니다. 고정관념이 늘어나고 자기 생각이 강해져서 내 생각대로 되어야 한다는 믿음이 커지기 때문이라고 합니다. 그래서 불평도 많아집니다. 사실 열심히 일하고 이제 은퇴를 하거나 일선에서 물러나면 불안한 마음에 '지금까지 열심히 일했는데…' 하고 보상받고 싶은 심리가 더해져 사소한 일에도 불만이 쌓일 수 있습니다.

하지만 불만은 나도 주변 사람들도 불행하게 만드는 큰 원인이 됩니다. 혹시 내가 지금 불평불만이 너무 많은 것은 아닌지 하루에 세 번쯤 생각해 봐야 합니다. 불평하는 사람을 좋아하는 이는 없습니다. 가족이나 친척, 지인 앞에서 불평을 쏟아내면 순식간에 주변 사람들이 다 멀어지고 맙니다.

자녀도 나이 든 부모님의 불평불만을 느긋하게 들어줄 만한 여유가 없습니다. 불평은 해결책이 아닙니다. 해결도 안 되고, 사람들도 싫어하는 불평을 하면 무엇 합니까. 불평불만이 많다면 혹시 내 생각만 옳고 내 생각대로 되어야만 괜찮다고 생각하는 것은 아닌지 들여다봐야 합니다.

그리고 화가 많이 난다는 것은 내가 세상에 너무 많이 개입한다는 증거입니다. 문제를 해결한다는 이유로 너무 많은 일에 개입하고 있는 것일 수 있으니 한 걸음 물러나서 관찰자의 눈으로 보는 연습을 해야 합니다. 한 번쯤 나의 생각을 부드럽게 전할 수는 있겠지만, 그 결과에 대해서 연연하지 않아야 하며, 한 번 한 말은 두 번 이상 하지 말아야 합니다.

불평을 줄이는 대신 감사할 일을 찾아봅시다. 감사할 일을 찾으면 정말 차고 넘치게 찾아낼 수 있습니다. 불평할 일을 찾으면 그것도 헤아릴 수 없이 많을 수 있습니다. 인생은 선택이고 내 인생에 대한 평가도 내가 선택하는 것입니다.

나이가 들수록 점점 불평 많은 투덜이가 될 것인지, 점점 더 열려 있고 포용하는 사람이 될 것인지 여러분이 선택할 수 있습니다. 불평하는 것을 줄이고 불평 대신 감사를 늘리는 습관의 훈련은 정말 중요한 일입니다.

행복을 위한 노력

불행한 인생을 꿈꾸는 사람이 있을까요? 누구나 행복한 삶을 원합니다. 하지만 노인들에게 행복하냐고 물어보면 그렇다고 말할 수 있는 사람이 몇 분이나 될까요? 어쩌면 행복은 우리가 늘

꿈꾸지만 체념하고 살아가는 것인지도 모릅니다. 그래서 "행복한가만 따지지 말고 행복을 위해 필요한 것을 하는가"를 생각해야 합니다.

행복도 행복을 얻기 위해 노력을 해야 얻어지지 저절로 주어지는 게 아닙니다. 내 가족에게 즐거움과 만족과 평안을 선사하기 위해서 내가 노력을 했을 때 행복해질 수가 있습니다. 친구나 후배에게 조금이라도 관심을 가지고 격려해주고, 위로해주고, 또 기쁨을 함께 하려는 자세를 가질 때 내가 행복해집니다.

행복을 위해 내가 할 수 있는 일이 무엇인가 생각하는 것은 정말 중요한 일입니다. 행복한 은퇴 생활도, 잘 나이 드는 것도 저절로 주어지는 게 아니라 열심히 생각하고, 찾고, 실천함으로써 얻어집니다.

02

내가 원하는
나이로 살다

● 건강한 생활을 위해 지켜야 할 것들

액티브 시니어active senior란 말이 새롭게 쓰이고 있습니다. 액티브 시니어의 뜻은, 시간적 경제적 여유를 가지고 소비와 여가 생활을 즐기는 50~60대를 중심으로 젊게 사는 70~80대까지 아우르는 호칭이라고 합니다. '골든 에이지' '노(no)노(老)족'이라고도 부르며, 우리말로는 '활동적 장년'이라고 합니다.

이들은 은퇴 이후에도 하고 싶은 일을 능동적으로 찾아 도전하고, 적극적으로 소비하고 문화 활동에 나선다는 점에서 '실버세대'와 구분됩니다. 또 외모와 건강관리에 관심이 많고 여가 및 사회 활동에도 적극적으로 참여합니다.

한때 언론에서도 많이 언급했던 어모털족과 비슷합니다. 어모털amortal은 '영원히 늙지 않는'이라는 뜻의 영어 단어입니다. '언젠가는 반드시 죽는'이라는 뜻의 '모털mortal'에 부정하는 의미의 '어a'를 붙인 말로, 미국《TIME》지 유럽 편집장인 캐서린 메이어가 2011년 발간한 저서『어모털리티Amortality』에서 만들어낸 신조어입니다.

어모털족은 나이는 숫자에 불과하다는 걸 삶으로 보여주는 사람들로 나이에 구애받지 않고 자신이 원하는 목표를 이루고자 끊임없이 노력합니다. 책에서는 이런 사람으로 70세에 놀랍도록 열정적인 공연을 해낸 록밴드 롤링 스톤스의 보컬 믹 재거를 꼽았습니다. 또, 이들은 신체적 나이가 아닌 '자신이 원하는 나이'로 살아가기에 특히 도전에 망설임이 없습니다. 그렇기에 새로운 직업에도 도전합니다. 요즘 왕성하게 활동하는 시니어 모델들이 이런 경우입니다.

요즘 이런 어모털족을 포함하는 액티브 시니어가 급부상하고 있습니다. 그런데 삼성생명연구소가 발표한 설문조사에 따르면 액티브 시니어 10명 중 7명은 '은퇴 후의 삶을 위해 건강을 유지하는 것이 중요하다'고 응답했지만 실제로 은퇴 후 건강한 생활을 준비하기 위한 구체적 계획이 있다고 답한 사람은 10명 중 3~4명에 불과하다고 합니다.

세브란스병원 가정의학과 이덕철 교수는 조선일보에 실린 기사(이보람, 이기상 기자, 조선일보, 100세 인생 시대 '액티브 시니어로 살아가기' 2017.01.13.)를 통해 액티브 시니어로 살아가기 위해 가장 중요한 것으로 건강을 꼽으며 다음과 같은 것들을 준비하라고 말했습니다.

첫째, 믿을 수 있는 자신의 건강주치의를 만들라고 합니다. 65세 이상 노인의 50%가 고혈압, 당뇨, 고지혈 같은 만성질환을 갖고 있습니다. 이런 질병을 잘 관리하지 않으면 갑자기 뇌졸중이나 심근경색으로 발전해서 쓰러지는 응급상황이 발생할 수 있습니다. 평소 나의 몸상태를 알고 있어서 나에게 약을 처방해주고, 합병증이 생기지 않도록 관리할 수 있는 주치의를 만드는 것이 좋습니다.

둘째, 주기적으로 정기검진을 받으라고 합니다. 우리나라 암 생존율이 웬만한 의료 선진국보다 높은 70%에 달하는 것은 건강검진을 통한 조기발견 효과가 큽니다. 1년에 한 번은 반드시 건강검진을 받아 암 같은 병이 생기지 않았는지 확인하도록 합니다.

셋째, 올바른 식습관을 가지라고 합니다. 육류 섭취를 가급적 줄이고 다양한 색깔의 채소를 충분히 섭취하도록 합니다. 진한 색깔의 채소를 매끼 한 컵 정도 먹고, 간식으로도 하루에 2번 정도 먹는 습관을 가지도록 합니다. 매일 식물성 오메가3, 지방산이 많은 호두, 아몬드 같은 견과류 한 줌 정도를 섭취하도록 합니다.

넷째, 운동을 해야한다고 합니다. 평소보다 숨이 조금 더 차는 정도의 운동을 일주일에 5일, 30분 이상 합니다. 운동 강도는 말은 할 수 있지만 노래를 부르기는 힘든 정도가 적당하다고 합니다. 또 일주일에 2회 이상은 근력운동을 해야 몸의 근력을 유지할 수 있습니다.

다섯 번째, 긍정적이고 낙천적인 마음을 가지고 친구들과 잘 어울리라고 합니다.

여섯 번째, 자신만의 스트레스 관리법을 찾는 것이 중요하다고 합니다. 명상, 요가, 댄스, 수영처럼 나에게 맞는 스트레스 관리법을 찾아 익숙해지도록 연습합니다.

일곱 번째, 하루에 8시간 정도 충분한 수면을 취하라고 합니다. 하루에 7~8시간 수면을 충분히 취한 사람의 수명이 더 길다고 합니다. 숙면을 취하면 항산화 효과가 있는 멜라토닌 호르몬이 분비됩니다. 멜라토닌 호르몬은 활성산소를 중화시키고 면역력을 높여주며 신체에 활력을 준다고 합니다.

저는 여기에 몇 가지를 덧붙이고자 합니다. 먼저 깨끗이 씻고 청결한 옷 상태를 유지하는 것입니다. 나이가 들면 타액 분비가 줄어들면서 입안을 잘 씻어내지 못하기 때문에 입냄새가 날 수 있다고 합니다. 피지의 분비도 줄어드니 머리를 감거나 샤워하는 횟수가 줄어들 수 있습니다. 또 옷이나 속옷을 갈아입는 횟수가 예전보다 줄어들 수 있습니다. 이 모든 것이 흔히 말하는 '노인 냄새'가 나는 원인이 됩니다. 귀찮아도 부지런히 씻고, 늘 청결한 옷 상태를 유지해야 합니다.

그리고 몸이나 머리를 편하게 두지 말고 가능한 한 많이 사용하도록 합니다. 몸과 뇌는 많이 사용할수록 기능이 좋아집니다. 반대로 사용하지 않으면 그만큼 기능이 떨어집니다. 늘 부지런하게 움직이고 바둑, 컴퓨터, 글쓰기 등의 활동을 통해 뇌를 사용하도록 합니다. 살아있는 동안 배움을 멈추지 말아야 합니다. 세상에서 뒤처지지 않으려면 새로운 용어나 기술을 배워야 합니다.

나만 생각하지 말고 주변 사람들의 이야기에 관심을 기울이고 살펴야합니다. 세상 돌아가는 소식도 알고 있어야 합니다. 어떤 전문가들은 75세까지를 체력, 지력, 사회력이 왕성한 활동기로 보아야 한다고 말합니다. 어렵다고 복잡하다고 포기하면 안 됩니다.

아기가 태어나 걸음마를 배우고, 말을 배우고, 글자와 셈을 배울 때 몇 번 해보고 저절로 배워지는 법은 없습니다. 수백 번을 넘어지고 일어나는 것을 반복한 덕분에 걷고, 말문이 트이지 않습니까?

나이가 들어서 못 하는 게 아니라 쉽게 포기해서입니다. 아기에게 배워봅시다. 걸음마를 떼기 위해 수십 수백 번을 넘어져도 다시 일어나 발을 내딛는 것처럼, 이해가 안 되고 쉽게 잊어버려도 그만두지 말고 배워봅시다. 세상이 너무 복잡해졌다고 불평하는 대신 시간과 마음을 들여 공부해야합니다.

얼마 전 만난 친구가 하는 말이 보청기를 꼈는데도 잘 안 들린다는 것입니다. 비싸게 맞춘 보청기가 잘 안 들린다니 정말 이상하다는 생각이 들었다고 합니다. 그래서 의사에게 물어봤더니 의사가 하는 말이, "눈이 나빠지면 안경 쓰라고 할 때 얼른 안경을 쓰는데, 귀가 나빠지면 보청기를 쓰라고 해도 대부분 안 쓰다가 상태가 아주 악화된 후에 할 수 없이 보청기를 착용한다"는 것이었습니다.

저 역시 보청기를 착용하는 것에 대해 심리적 저항감이 있었지만 의사의 이야기를 들은 후로 조금이라도 귀가 나빠지면 바로 보청기를 착용해야겠다고 마음먹었습니다. 그런데 막상 마음을 먹고 보니 남들 눈치 보느라고 안 보이는 조그만 보청기를 쓸 게 아니라, 젊은 사람들이 음악 들을 때 쓰는 헤드폰처럼 아주 큰 보청기를 당당하게 쓰면 좋겠다는 생각이 들었습니다.

　잘 들리는 게 얼마나 중요한 일입니까? 보청기를 착용하느냐 마느냐보다 소리가 잘 들리냐 안 들리냐가 훨씬 내 생활에 큰 영향을 미칩니다. 안경을 쓴다고 창피하게 생각하지 않는 것처럼 노인들 스스로 보청기를 부끄럽게 여기지 말고 당당하게 사용하면 좋겠습니다. 보청기를 당당하게 끼는 모습이야말로 나이 먹은 사람들의 삶을 당당하게 만드는 아주 중요한 선택이 아닌가 생각합니다.

여러분의 지갑은 안녕하신가요?

한 은행에 80대 할아버지 한 분이 찾아왔습니다.

할아버지는 은행 직원 A씨에게 본인의 정기 예금을 해약해서 1천6백만 원을 현금으로 인출해달라고 했습니다.

갑자기 큰 돈을 인출하는 것을 의아하게 여긴 A씨는, "요즘은 공공기관을 사칭하는 사기 피해가 종종 발생하니 주의하셔야 합니다"라고 말했지만 할아버지는 계약금으로 쓸 돈이라는 말만 반복했습니다. 빨리 처리해달라며 역정까지 내는 할아버지는 결국 1천6백만 원을 현금으로 찾아갔습니다.

잠시 후 은행으로 전화 한 통이 걸려왔습니다.

"횡령한 은행 직원은 경찰에 잡혀갔느냐?"고 묻는 내용이었는데, 바로 현금을 인출해간 할아버지였습니다.

할아버지는 자초지종을 묻는 A씨에게 대충 얼버무리며 전화를 끊으려고 했고, 수상하다고 생각한 A씨는 보이스피싱일 수 있음을 알리며 돈을 보내지 않았으면 다른 전화는 절대 받지 말고 바로 은행으로 다시 오라고 말했습니다.

A씨는 112에 신고하고 경찰과 함께 할아버지를 찾으러 갔고 현장에 출동한 경찰은 보이스피싱임을 확인했습니다.

알고 보니 보이스피싱 범인이 할아버지에게 전화를 걸어 경찰을 사칭하며 "할아버지 명의를 도용한 대출이 발생했고, 은행 직원도 한통속이니 은행 직원의 말을 절대 믿지 말고 은행에 남은 예금도 빨리 찾아오라"며 현금 인출을 유도했다고 합니다.

A씨의 빠른 대처로 할아버지는 다행히 예금을 지킬 수 있었습니다.

노년층이 늘어나는 만큼 노인들의 금융 역량 강화는 우리 사회의 중대 과제가 되고 있습니다. 노인들은 보이스피싱, 스매싱 등 금융범죄에 쉽게 노출되고 있고, PC, 스마트폰 등을 이용한 디지털 금융은 어렵기만 합니다. 어릴 때부터 제대로 된 금융 교육을 받지 못하다 보니 노후에 금융생활을 어떻게 이끌어 가야 할지도 막막합니다. 노인 금융 소비자를 제대로 보호해 줄 정책도 미비합니다.

현재 한국 노인들이 마주한 금융적 어려움으로 고령층을 대상으로 한 금융사기의 급증을 가장 먼저 꼽을 수 있습니다. 수입이 없는 은퇴 후 노인들은 금융사기를 당하면 대부분 만회하기가 어렵습니다. 그러다 보니 정신적 충격으로 치매에 이르고 자살로 이어지는 경우가 늘고 있습니다.

금융 서비스의 급격한 디지털화도 고령층에게는 큰 장벽입니다. 현재 고령층 스마트폰 보급률은 거의 100%이지만 70대 이상 스마트폰 금융 이용 비율은 약 9%에 불과합니다. 게다가 시중은행 점포는 매년 300개씩 사라지고 있어 노인 불편이 갈수록 커지고 있습니다. 디지털 금융을 이용하지 않아 수수료 혜택 등을 받지 못해 발생하는 차이도 개인당 연간 50만 원이나 된다고 합니다.

가족들에 의한 경제적 부담도 새로운 사회 문제로 떠오르고 있습니다. 미국, 일본 등 연금이 발달된 선진국에서는 심각한 사회 문제로 인식되고 있습니다. 성인이 되고도 부모로부터 경제적 독립을 하지 못하는 자녀들, 흔히 말하는 캥거루족이 대표적인 예입니다. 자녀들이 부모의 자산과 연금을 쪼개 쓰면서 부모는 노후 대비를 하지 못해, 결국 부모와 자식 모두 빈곤의 나락으로 떨어지게 됩니다.

　문제는 많은 노인이 '자식이니까 어쩔 수 없지'라는 생각 때문에 이것이 문제인지조차 인지하지 못한다는 점입니다. 가족뿐만이 아닙니다. 요양보호사나 요양병원장이 노인이 맡긴 신용카드로 장을 보고 명품을 사는 것 같은 악용 사례도 늘고 있습니다. 정작 노인을 돌봐야 할 사람들로부터 금융 착취가 일어나는 아이러니가 발생하는 것입니다. 우리나라에서 금융 착취는 아직 본격적인 사회 문제로 대두되지 않고 있지만 이를 위한 교육과 대책 마련이 꼭 필요합니다.

　그런데 노인들은 어떤 식으로 재정 관리를 해야 좋을까요? 우리나라 노인들은 대다수가 재산을 부동산에 집중하고 있다고 합니다. 노후 리스크를 대비하기 위해서는 주식이나 현금성 자산에도 분산해 관리하는 것을 추천합니다. 또한 집은 한 채 있지만 수입이 없어 세금을 체납하는 등 경제적 어려움을 겪는 분들은 주택연금제도 활용을 추천드립니다. 공시지가 최대 12억 원까지 적용되며, 연령에 따라 달라지지만 대략 최고 월 300만 원을 수령할 수 있습니다. 이 제도 활용은 자녀에게 부담을 주지 않는 합리적인 선택 방법 중 하나입니다. 그리고 다시 한 번 강조합니다. 자식보다 본인 노후의 삶이 가장 중요하다는 걸 명심해야 합니다.

　또, 유언장을 쓰는 일도 중요합니다. 많은 분들이 열심히 일해서 모은 재산을 남기고 떠나가지만 재산을 어떻게 나눌지에 대한 기준, 즉 유언장이 없기 때문에 상속 분쟁이 증가할 수밖에 없습니다. 그러니 꼭 유언장을 써야 합니다.

유언장은 내 삶의 마무리가 선순환으로 이어지는 설계도 역할을 합니다. 과거에는 3인, 4인 가구가 주를 이루었지만 이제는 1인 가구가 점점 더 많아지고 있습니다. 혼자 살던 분이 유언장을 쓰지 않으면, 그 재산은 나와 관계가 없고 애정도 없었던 먼 조카나 친척들에게 가게 됩니다. 심지어는 그도 저도 찾지 못해 국가 재산으로 귀속되는 경우도 있습니다.

내가 열심히 일해서 모은 재산을 어떻게 쓸지, 좋은 일에 쓸지 또는 누구에게 물려줄지를 내가 잘 고민하고 결정하는 일이야말로 우리 공동체를 발전시키는 데 아주 중요한 역할이 될 것이라고 생각합니다.

● 버킷리스트를 써봅시다

정계 은퇴를 준비하면서 제일 먼저 구해 놓은 책이 『전국에 꼭 가봐야 할 곳 1001』이라는 아주 두꺼운 책이었습니다. 어디에 무슨 정자가 있고, 어디에 아주 오래된 나무가 있고, 어느 산이 좋고, 어떤 박물관이 있고 같은 것을 소개하는 책이었습니다.

정계를 은퇴하면 시간이 많아질 테니 한 달에 한 번 또는 두 번 정도는 1박 2일이나 2박 3일로 책에서 소개한 곳을 찾아가서 관광도 하고 그 동네 맛집에서 맛있는 음식도 먹으며 지내려는 계획을 세웠기 때문입니다.

친구와 선배들에게 그 얘기를 했더니 "그거 좋은 생각이다. 나도 같이 가자" 하는 분들이 생겨서, 두 달에 한 번 정도는 '전국에 가볼 만한 곳 찾아가기' 모임을 하고 있습니다.

은퇴라는 변화에 맞춰서 새로운 계획을 세우는 일은 참 중요합니다. 계획을 세워보는 것과 계획 없이 그냥 흘러가는 대로 생활하는 것은 큰 차이가 있습니다. 계획을 세웠을 때 열 가지 계획 중 한 가지라도 실행하면 좋을 것입니다. 열 가지 중 하나도 다 실행하지 못했다면 그 계획을 확인하면서 '내가 왜 이렇게 게으르지?' '의지가 약하게 생활을 해서는 안 되지' 하는 반성도 할 수 있게 됩니다.

실패를 바탕으로 새로운 계획을 세우면 좀 더 실행력이 높은 계획으로 발전할 수가 있습니다. 계획을 세우는 일 자체가 삶을 풍요롭게 만들어 주며, 특히 은퇴 이후의 삶을 활기 있고 뜻있게 만드는 데 중요한 요소입니다. 계획이 있으니 무엇이라도 하려고 노력할 수 있습니다. 그 계획이 실행이 안 됐을 때는 반성하고 실행을 하려는 의지를 다지게 됩니다. 또, 계획 자체를 실행 가능성이 높은 걸로 만드는 효과를 가져오게도 합니다.

〈버킷리스트〉라는 유명한 영화가 있습니다. 돈 많은 백인 노인과 가난한 흑인 자동차 정비공이 한 병원에 입원했다가 우연히 의기투합해서 '죽기 전에 꼭 하고 싶은 일들'을 목록으로 만들어 실행하는 내용입니다. 그들이 작성한 버킷리스트에는 '타지마할 구경하기' '만리장성에서 오토바이 타기'처럼 비용도 많이 들고 오토바이를 탈 줄 알아야 할 수 있는 소원도 있지만, '허리가 끊어지도록 웃어보기' '가난한 사람 도와주기'처럼 마음만 먹으면 쉽고 간단하게 할 수 있는 일도 많습니다.

'장엄한 광경 보기' 역시 마음만 먹으면 됩니다. 신년이 되면 많은 사람들이 동해에서 떠오르는 태양을 보기 위해서 정동진을 찾아갑니다. 저녁에 뒷산에만 올라가도 석양으로 물든 장엄한 풍경을 만날 수 있습니다. 이렇게 버킷리스트를 만들고 실행할 수 있으면 좋을 것입니다. 만일 한 가지도 실행하지 못한다 해도, 내가 하고 싶은 일을 꿈꾸고 계획해보는 것만으로도 우리 인생이 훨씬 풍부해질 것입니다.

버킷리스트를 만들고 실현하려고 노력하는 것이 노년기를 멋있게 보낼 수 있는 좋은 방법인데, 나이가 들어 은퇴한 분들 중에 스스로 할 일이 없다고 생각하시는 분들이 많습니다. 지금 내가 할 수 있는 일이 무엇인가 생각해 보고 그것을 정해서 실행하기 위해서 노력해 보세요. 버킷리스트가 내 삶을 활기차게 만드는 중요한 자극제가 될 것입니다. 열 개 중에서 하나만 실행해도 좋은 겁니다. 하나도 실행 못 해도 '내년에는 꼭 해야지' 하는 마음가짐이 더 도전적이고 의욕적인 삶을 살도록 만들어 줄 것입니다.

 원혜영의 버킷리스트

- 한 달에 한 번 전국의 천연기념물, 미술관, 박물관, 유적, 건축물 구경가기
- 지역 축구단 후원회원 가입하고 홈 경기 때 직접 관람하기
- 야외에서 조리하여 손님 대접할 수 있게 양갈비 또는 돼지갈비 등 바비큐 요리 익히기
- 정원관리사 자격 취득하여 동네 공원 조경 봉사하기
- 생전 장례식이 활성화되면 상담사와 사회자로 일하기

치매와 후견제도

이번에는 요즘 사람들이 가장 염려하는 치매에 대해 이야기해 보겠습니다. 치매는 뇌세포가 점진적으로 파괴되며 발생하는 인지 기능 장애로 인해 일상생활을 스스로 유지하지 못하는 상태가

되는 질병입니다. 통계적으로 우리나라 노인의 10%는 치매환자라고 합니다. 80세 이상은 25%, 85세 이상이면 40%가 치매에 걸린다고 하니 치매는 이제 먼 얘기가 아니라 누구에게나 가까운 이야기입니다. 그러니 치매를 막연하게 두려워할 것이 아니라 가까이하려는 노력이 필요합니다.

치매를 가까이하려는 노력은 개인뿐 아니라 우리 사회의 건강을 위해서도 꼭 필요한 일입니다. 치매에 대해서 공부하고, 혹시 조금이라도 의심이 되면 가능한 빨리 치매 검사 받기를 권합니다. 혹시 치매에 걸리더라도 지역 보건소와 치매안심센터에서 도움을 받을 수 있으니 염려만 하지 말고 차근차근 계획을 세워가면 좋겠습니다.

만일 내가 지금 치매 판정을 받는다면 당장 해야 할 세 가지 전략이 있습니다. 강남대학교 사회복지대학 김근홍 교수는 치매환자가 자기 의사를 표현할 수 있는 상태와 그렇지 못하게 된 상태는 엄청난 차이가 있다고 얘기하면서 이에 대비한 전략이 필요하다고 설명하고 있습니다. 치매가 악화될수록 어떤 일에 대비하는 것이 불가능하기 때문에 치매에 걸리기 전에 치매에 대한 전략을 준비해야 하고, 특히 치매 판정을 받는다면 바로 그 순간부터 다음과 같은 전략을 세워야 한다고 합니다.

첫째, 전방위적 자기 정리로 내가 살아온 삶을 돌아보고 남기고 싶은 것과 그렇지 않은 것을 잘 정리해야 됩니다. 유품도 정리해야 되고 무엇보다도 유언장을 써서 내가 원하는 방식으로 재산을 정리하고 사랑하는 이들을 위해 남기고 싶은 일들을 기록해서 내 뜻이 현실적으로 잘 이루어지도록 준비해야 합니다. 그렇지 않으면 유산 상속 분쟁처럼 원치 않은 일들이 벌어질 수도 있습니다.

둘째, 성년 후견 제도를 이용해야 합니다. 일반 가정에서 돌봄이 어려울 경우, 어떤 시설에서 보살핌을 받을지를 가족에게만 맡기지 말고 성년 후견 제도를 이용해 정해두는 것이 좋습니다. 인생을 마무리하는 중요한 결정인 만큼 믿을 수 있는 후견인을 선정해서 원하는 바를 잘 전달하고 남은 인생을 내 뜻대로 마무리할 수 있도록 관리합니다.

셋째, 사전연명의료의향서를 작성합니다. 가족들에게 '나의 건강이 나빠졌을 때 이렇게 해 달라'라고 부탁하는 것도 좋지만 법적으로 명확하게 국가가 보장하는 사전연명의료의향서를 작성해두는 것이 현명한 일입니다.

치매 환자의 가족들도 계획이 필요합니다. 치매 환자의 인생마무리를 위한 전략을 어떻게 세워야 할지, 치매 당사자를 어떻게 보살필 것인지, 떠나보낸 뒤 가족 개개인과 가족 전체에 미칠 영향을 최소화하는 방법 등을 함께 의논해야 합니다.

삶의 마무리를 내가 내 뜻대로 결정하는 일은 언제나 가장 중요한 일입니다. 특히 치매는 내 뜻을 결정하고 전달할 수 없는 상태에 이르기 때문에 미리 결정하는 것이 절대적으로 중요한 일일 것입니다. 사전연명의료의향서를 작성하시는 분들 가운데 많은 분들이 아래와 같은 '사전치매요양의향서'를 작성하신다고 합니다. 어떤 것인지 간단한 예시를 소개합니다.

◉ 사전치매요양의향서

내가 만일 치매에 걸린다면 가족과 사회의 부담을 최소화하면서 생명의 존엄성을 유지하기 위해 다음과 같은 간절한 나의 뜻을 전한다.

나는 나의 질병으로 인해 가족과 사회, 국가에 정신적, 경제적, 시간적 부담을 주는 것을 원하지 않는다. 나는 평소 생명의 존엄성과 명예를 중요하게 여기면서 살아왔으며, 나의 생명 말기에 인간으로서 존엄성을 유지하면서 이 세상을 하직하기를 희망해 왔다. 그러나 불행하게도 내가 치매에 걸린다면 판단력 상실로 나의 생활 가치관과 생명의 존엄성을 유지하기 어려울 것에 대비하여 미리 이것을 가족과 요양기관, 그리

고 전문가에게 남겨 나의 생활 가치관과 생명의 존엄성을 유지하는 데
도움받기를 원한다.

◉ 가족과 요양기관에게 드리는 당부

병이 경증이어서 일상생활에 지장이 크게 없을 경우에는 가족과 함
께 지내기를 바라며 병의 진행이 지연될 수 있도록 노력해 주길 바란다.
하지만 결국 나의 병이 중증도에 이르고 누군가가 전적으로 나를 돌봐
야 할 정도가 된다면, 지체하지 말고 경제적 부담이 적은 적절한 수준의
요양기관에 입원시켜주기 바란다.

요양과 간호를 전문적으로 하는 기관에 나를 맡기는 것을 조금도
불효라고 생각하지 말기를 바란다. 병의 경과가 더 중증이 되어 가족
을 알아보지 못하고 스스로 대소변을 가리지 못하며 간병에 어려움을
주는 이상한 행동을 보일 때에는 연명을 위한 모든 의료는 중단하고
생명 유지를 위한 최소한의 음식만 공급해 주기를 바란다.

작성일자 0000년 00월 00일

작성인 홍 길 동

서명

치매는 내 뜻을 밝힐 수가 없는 상태에 이르는 경우가 많기 때문에 미리 내 뜻을 이렇게 밝힌 서식을 작성해 놓으면 나를 돌봐 주는 가족 또는 돌봄 관계인들에게 큰 도움이 될 것입니다.

그리고 또 한 가지 결정해 두어야 할 중요한 일이 있습니다. 치매를 앓게 되면 후견인이 필요합니다. 우리나라에 후견제도가 있다는 것을 아십니까? 저 역시 웰다잉 운동을 하면서 후견제도를 알게 되었으니 대부분의 사람들에게는 아직 낯선 개념일 것입니다.

후견제도는 중풍이나 치매 또 그 밖의 중증 질환으로 의식을 잃고 쓰러져서 의사표현이 불가능한 상태가 될 때를 대비해서 내 뜻을 잘 아는 분을 믿을 수 있는 분으로 선정해서 후견인으로 삼는 제도입니다.

내가 임종을 앞두고 의사표현이 어려울 경우 평소 내 뜻에 맞추어서 연명의료 여부를 결정하거나, 재산 정리 및 나와 관련된 문제들을 정리하는 역할을 나 대신 할 수 있도록 후견인을 선정해 두는 것입니다.

여러분 모두 알고 있는지 모르겠지만 내 명의로 된 통장에서 내 아내도 돈을 찾을 수가 없습니다. 그런데 내가 만약 치매로 정신을 놓거나 갑자기 정신을 잃고 쓰러진다면 내 통장의 돈을 어떻게 찾아서 병원비로 쓸 수 있을까요? 정말 황당한 상황 아닙니까?

이를 위해서 우리나라는 후견 제도가 법제화되어 있지만 실제로는 거의 활용이 되지 않고 있습니다. 만약의 경우를 대비해 내 뜻과 권리를 대신 실천해 줄 수 있는 후견인을 설정해 놓는 것이 현명한 노후 준비 중 하나라고 할 수 있습니다.

우선 쉽게 해볼 만한 대책을 소개합니다. 엄덕수 한국성년후견지원본부 전 이사장은 부부가 함께 '임의 후견 계약'을 맺을 것을 권합니다. 부부 간에 누가 치매에 걸리게 되면 남은 사람이 후견인 역할을 할 수 있게 하는 것이죠. '부부 쌍방 후견 계약'이라 부르면 좋을 것 같습니다. 부부가 같이 공증사무실에 가서 1인당 약 5만원의 공증료를 내고 절차를 밟으면 됩니다.

톨스토이는 '인생에서 죽음처럼 확실한 일은 없다. 그런데도 사람들은 겨우살이는 준비하면서 죽음에 대해서는 준비하지 않는다'라고 개탄한 바가 있습니다. 초고령 사회를 맞은 우리 사회도 나이 드신 분들이 자기 삶을 뜻있게 잘 마무리할 수 있도록 준비해야 합니다. 반드시 맞이하게 될 죽음에 대해 미리 생각해서 결정하고 실천하는 일, 이것이야말로 우리 사회의 품격을 높이고 통합을 이루는 데 매우 중요한 일일 것입니다.

03

잘 살다,
잘 나이 들다,
잘 죽다

한때 모든 일상이 웰빙well-being으로 연결되던 시절이 있었습니다. 바쁜 현대 사회의 일상과 인스턴트 식품에서 벗어나 몸과 마음의 건강을 중요시하여 정신적 육체적으로 조화로운 삶을 추구하는 '웰빙' 문화가 붐처럼 일어났습니다. 문제는 웰빙 열풍이 확산되며 유행처럼 번져 나가 상업적으로 변질되었다는 점입니다. 원래 목표는 퇴색되다 못해 식상할 지경에 이르렀고 웰빙이 경제적으로 여유가 있고 좋은 음식만 골라 먹을 수 있는 풍족한 환경에 있어야 할 수 있다는 이미지를 벗어나지 못하다가 세계

금융 위기의 대침체기 이후 대한민국에서는 거의 사그라지게 되었습니다.

밀레니엄 이후 웰빙에 이어 웰에이징well-aging 이라는 단어가 등장했습니다. '잘 나이 들다'는 의미의 '웰에이징'은 항노화를 뜻하는 anti-aging과는 다른 개념입니다. 모든 사람은 나이가 들면서 늙는 것을 거부할 수 없고 개개인에 따라 속도를 조절할 수 있을 뿐이니, 예전보다 더욱 길어진 인생의 기간을 잘 연장하여 오랫동안 가치 있는 삶을 살아가자는 개념입니다. 어차피 나이 드는 것은 어쩔 수 없으니 평균 수명 100세를 바라보는 긴 세월을 어떻게 하면 나이를 잘 먹어 갈 것인가에 관심을 기울이게 된 것입니다.

나이 듦, 노화가 인간의 신체 기능적 쇠퇴만을 의미하지는 않습니다. 오랜 시간 쌓인 경험이 가져오는 성숙함, 지식의 축적 그리고 삶의 지혜 등이 세월이 쌓이며 자라기도 합니다. 그러니 노화가 되더라도 수명만 연장되는 것에 그치지 않고, 내 몸과 마음이 건강하게 유지되는 것에 대해서 점점 더 관심을 가지자는 분위기가 된 듯합니다.

웰에이징에 대한 사회적 관심이 이어지면서 웰다잉well-dying이 화두로 떠오르고 있습니다. 웰빙, 웰에이징도 중요하지만 결국 누구나 삶의 마지막에는 죽음을 마주하게 됩니다. 웰다잉은 죽음으로 생을 끝낸다는 개념이 아니라 웰빙, 웰에이징에 이어지는 한 과정으로서 아름답게 삶을 마무리하기 위해 꼭 필요한 개념입니다.

웰다잉은 어떻게 죽을 것인가를 고민하는 것 같지만 이 고민을 통해서 자연스럽게 어떻게 살 것인가에 대한 답을 찾게 되기 때문입니다. 죽음은 두려워할 일만은 아닙니다. 죽음에 대해 이해하고 준비를 잘한다면 죽음은 우리가 가야 하는 또 하나의 길이라고 생각할 수 있게 됩니다.

태어나는 것은 차례가 있지만 죽는 것은 순서가 없습니다. 우리 사회는 아직 죽음을 대면하기 꺼려합니다. 그러나 웰다잉은 연세 많으신 부모님이나 시한부 삶을 살거나 질병을 앓는 사람만의 문제가 아닙니다. 웰다잉을 남의 문제로 여길 것이 아니라 나의 현실로 받아들여야 합니다. 인생의 종착점에서 나는 어떤 모습으로 서 있게 될까요? 나의 죽음은 어떤 형태일까 생각해보고 어떻게 죽음을 준비할 것인지 생각해 봐야 합니다.

04

아름다운 삶의
완성을 위한 다섯 가지 결정

인생에서 가장 확실한 것은 누구나 언젠가는 죽는다는 것입니다. 그러니 삶과 죽음은 하나로 연결돼 있다고 보는 것이 타당합니다. 그럼에도 우리는 마치 영원히 살 것처럼 삶에만 집착하는 경향이 있습니다.

92세로 세상을 떠난 〈핀란디아〉의 작곡가 얀 시벨리우스는 83세에 이런 말을 했다고 합니다.

"나는 최근에 지상에서 내가 존재하는 것에 한계가 있다는 사실을 깨우쳤다. 정원의 고목을 바라보는 동안 몹시 또렷하게 그런 생각이 들었다. 내가 처음 이사를 왔을 때 나무는 아주 작았고, 위에서 내려다볼 수 있었다. 이제 나무는 내 머리 위에서 '당신은 곧 떠나겠지만 나는 앞으로도 수백 년을 더 머물 거야'라고 말하는 것 같다.”

옛날에는 늙고 병들어 죽는 게 지극히 당연한 일이었습니다. 그리고 죽음의 현장이 바로 가족 곁에 있었습니다. 대부분의 어르신들이 집에서 돌아가시고 집에서 장례를 치렀습니다. 그런데 요즘은 죽음이 우리 곁을 떠났습니다. 사망하시는 분의 77%가 병원에서 돌아가십니다. '자연사'가 아니라 '병사'를 합니다. 그런 점에서 우리는 삶의 마지막 귀결인 죽음을 자연스럽게 받아들였던 오랜 전통에서 멀어졌습니다.

이런 현상은 현대의학의 발달과 긴밀히 연관돼 있는 것 같습니다. 우리 자신이나 가족들이 쓰러졌을 때, 우리는 이런 장면을 쉽게 그려볼 수 있습니다. 의사 선생님을 붙잡고 “어떻게든 살려주세요. 무엇을 하든 살려주세요”라며 매달리는 모습입니다. 그렇게 되면 병원은 건강과 수명이 다해서 돌아가시게 될 분을 놓고 온갖 치료와 투약, 시술을 다 합니다. 그런데 이게 과연 좋은 일인지, 최선인지 한번 같이 생각해 보자는 운동이 '웰다잉 문화운동'입니다.

또, 한편으로는 가족의 해체가 죽음을 멀게 만든 것도 같습니다. 몸이 아픈 부모는 요양원이나 병원으로 가는 것이 당연한 수

순입니다. 그렇다고 해서 자녀들이 꼭 부모를 한 집에 모시면서 죽음까지 책임져야 한다는 말은 아닙니다. 사회가 변하면 생활 문화가 바뀌는 것은 당연한 일입니다. 다만 이런 변화들이 우리로부터 죽음을 남의 이야기, 먼 이야기로 만들어버렸다는 것을 이야기하고 싶은 것입니다. 앞에서도 얘기했지만, 우리나라는 병원에서 죽는 사망자 수가 세계에서 가장 높은 나라입니다.

대부분의 사람들이 아직 자신의 코앞에 닥친 일이 아니라고 생각하겠지만, 누구나 겪게 될 일이니 한번쯤 곧 닥칠 일로서 죽음의 순간을 생각해보는 게 좋습니다. 우리는 첫인상이 아주 중요하다고 얘기하지만 마지막 인상 또한 그에 못지않게 중요합니다. 특히 내가 세상을 떠날 때 가까운 사람들, 사랑하는 사람들에게 어떻게 기억되기를 원하는지는 정말 중요합니다.

여러분은 오랜 시간 의식도 없이 병원에 누워 있다가 가길 원하십니까? 나는 아닙니다. 그래서 내가 어떤 식의 죽음을 원하는지 미리 알려둘 필요가 있다고 생각합니다.

내가 다른 사람들에게 슬픈 혹은 나쁜 기억으로 남겨지기를 원하는 사람은 아마 없을 겁니다. 기쁘고 즐겁고 행복한 기억으로 남기를 원할 것입니다. 그렇다면 내가 뭘 원하는지 주변 사람에게 미리 표현해야 합니다. '나는 나의 마지막이 남은 사람들에게 슬픔보다는 기쁨과 즐거움으로 또는 좋은 기억으로 남기를 원한다'

라고 남겨두면, 나를 보내는 사람들이 이것을 기억하고 거기에 맞추어서 좋은 기억을 남기기 위해서 노력해 줄 것입니다. 좀 더 구체적으로 책임 있게 남기고 싶다면 유언장에 '내가 마지막으로 세상을 떠날 때 어떤 돌봄과 소통을 원하는지'를 적어두는 것이 좋습니다.

'나를 떠나보낼 때 슬퍼하거나 안타까워하지 말아라, 울지 말아라' 같은 말을 남겨두면 남은 사람들에게 중요한 지침이 될 것 같습니다. 또 '나를 기억할 때 좋은 기억, 즐거웠던 일, 재미있었던 사건을 많이 떠올렸으면 좋겠다'처럼 솔직하게 부탁하는 것도 좋습니다. 혹은 뒤에 좀 더 자세히 이야기하겠지만 내가 직접 나의 인생을 돌아보며 글로 정리해보는 것도 좋을 것입니다.

우리는 없는 문화입니다만 서양에서는 오비추어리Obituary라는 '부고 기사'를 작성합니다. 돌아가신 분이 어떻게 살아왔으며, 무엇을 좋아했고, 어떤 봉사활동을 했고, 평소 추구하던 것은 무엇인지 고인의 일생을 기록하는 부고 기사입니다. 우리나라에선 부고 기사가 누구의 아버지, 어머니인지 등 자식과의 관계 위주로 작성되는 데 비해 오비추어리는 고인이 어떤 분이었는지에 대해 상세히 기록합니다.

내가 세상을 떠난 후에 나의 오비추어리에는 어떤 내용이 실리면 좋을지 생각해 보신 적이 있으신가요? 나는 어떤 인생을 살아왔고 어떤 일을 했으며 나의 마지막이 사람들에게 어떤 모습으로 기억되기를 원하는지 기록을 해보고, 실제 나의 삶이 그 모습이 될 수 있도록 노력하는 것도 좋을 것입니다.

묘비명도 그중 하나일 수 있겠네요. 나의 묘비명을 재미있게 또 나만의 개성을 담아서 만들어보는 것은 어떠신가요? 이 묘비명은 그때그때 바뀔 수가 있습니다. 그게 또 재미있게, 또 내가 아주 활기차게 인생을 살고 있다는 사실의 반증일 수도 있겠죠. 그런 점에서 내가 마지막을 즐겁고 좋은 모습으로 세상을 떠날 수 있도록 도와달라고 가족 또는 돌보는 분들에게 얘기하는 것이 중요합니다. 내가 원하는 것을 알아야 상대방이 거기에 맞추어서 대응을 하지 않겠습니까? 좋은 기억으로 남는 것, 이것도 준비와 당부가 필요한 일입니다.

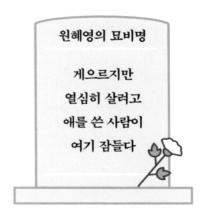

원혜영의 묘비명

게으르지만
열심히 살려고
애를 쓴 사람이
여기 잠들다

이렇게 삶의 아름다운 마무리는 스스로 준비하고 결정해야 이루어질 수 있습니다. 가족과 사랑하는 사람들과의 긴 이별 앞에서 가족들이 내가 무엇을 원할지 막연하게 추측하지 않도록, 미리 결정하여 알려주는 것이 좋습니다. 행복한 노후를 위해, 삶을 아름답게 마무리하기 위해 준비하고 용기를 냅시다.

미국에서는 '삶의 아름다운 마무리 운동'이 활발히 전개되고 있습니다. 바로 '파이브 위시즈Five Wishs' 캠페인으로, 현재 42개 주에서 공인되어 1,500만 명이 작성했다고 합니다. 그 다섯 가지는 다음과 같습니다.

소원1 "내가 할 수 없을 때 나를 대신하여 치료 결정을 내리게 하고 싶은 사람" - 이 소원은 의료 대리인을 지정할 수 있습니다. 이 사람은 내가 스스로 말할 수 없는 경우 나를 대신하여 의료 결정을 내립니다.

소원2 "내가 원하거나 원하지 않는 치료의 종류" - 이 소원은 생명 유지 치료가 본인에게 어떤 의미인지, 언제 치료를 원하고 원하지 않는지에 대한 정의인 생전 유언장입니다.

소원3 "내가 얼마나 편안하게 지내고 싶은가" - 이 소원에서는 어떤 종류의 통증 관리를 원하는지, 개인 몸단장 및 목욕 지침,

호스피스 의료 옵션 등 편안함 관리와 관련된 사항을 다룹니다.

소원4 "사람들이 나를 대하는 방식" - 이 소원에서는 집에 있기를 원하는지, 누군가 침대 옆에서 기도해 주기를 원하는지 등 개인적인 문제에 대해 이야기합니다.

소원5 "사랑하는 사람들이 알았으면 하는 것" - 이 소원에서는 용서, 자신이 기억되기를 바라는 방식, 장례식 또는 추모 계획에 관한 마지막 바람을 다룹니다.

우리도 내가 원하는 삶의 마무리를 위한 작은 실천을 시작해 봅시다. 이를 위해서 내가 미리 생각하여 결정할 수 있는 내용을 '다섯 가지 결정'으로 정리해 보았습니다. 본인이 원하는 결정이 무엇인지 선택해 보세요. 오늘부터 아름다운 마무리를 우리도 준비할 수 있습니다.

첫 번째 결정은 '내가 원하는 그리고 원하지 않는 치료 방법을 미리 결정하는 일'입니다.

두 번째 결정은 '편안하고 통증이 없는 호스피스 완화의료 돌봄을 미리 결정하는 일'입니다.

세 번째 결정은 '나의 마지막을 사랑하는 사람들과 어떻게 보내고 싶은지 미리 결정하는 일'입니다.

네 번째 결정은 '장례 등 나를 추모하는 방법에 대해서 미리 결정하는 일'입니다.

다섯 번째 결정은 '내 뜻이 존중될 수 있도록 다양한 문제들에 대해서 나의 생각을 결정하여 알리는 일'입니다.

여러분의 마지막은 어땠으면 좋겠는지 생각해 보시고 내가 원하는 마지막을 선택해서 결정하기 바랍니다. 오늘부터 아름다운 마무리를 준비할 수 있습니다. 품위 있는 죽음, 웰다잉은 삶을 아름답게 마무리하기 위해서 내가 결정할 일이 무엇인지 또 어떻게 해야 하는지를 함께 생각하고 고민하는 일입니다.

목마른 사람이 우물을 판다는 속담이 있습니다. 저와 함께 웰다잉에 대해서 생각해보고 실천할 수 있는 방안을 함께 찾았으면 좋겠습니다. 그 과정 속에서 우리의 삶이 보다 당당하고 주체적이 될 것입니다. 나이 들었다고 움츠러들지 말고 삶의 마지막 순간까지 우아하고 당당하게 나의 인생을 살아가면 좋겠습니다.

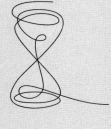

마지막, 내가 결정하다
- 다섯 가지 결정

01

첫 번째 결정 :
내 뜻을 알리는 유언장[*]

● 유언장을 써야 하는 이유

우물쭈물하다 내 이럴 줄 알았지

　"우물쭈물하다 내 이럴 줄 알았지." 이 말은 영국의 극작가이자 사회비평가인 버나드 쇼의 묘비명으로 알려졌는데, 인생을 낭비하지 말라는 뜻으로 자주 사용되곤 합니다.

　사실 버나드 쇼는 무덤을 남기지 않았습니다. 사후 유해는 화장을 해서 오랫동안 작품을 쓰며 은둔하던 런던 교외의 '쇼스 정원'에 뿌려졌습니다. 묘비는 애당초 세워지지도 않았겠지요. 그럼에도 2000년대 한 통신사가 만든 광고에 등장한 묘비 사진과 글귀는 이제 정설처럼 버나드 쇼의 묘비명이 되어 사람들 사이에서 사용되고 있네요. 버나드 쇼의 말이 와전된 것(원문은 'I knew if I stayed around long enough, something like this would happen!')이긴 하지만 흘려들을 수 없는 말입니다.

유언장도 마찬가지입니다. 우물쭈물하다가 유언장을 쓰지 않으면 가족 간의 문제를 불러올 수 있습니다. 한 가족의 아버지가 갑자기 쓰러진 경우를 예로 들어봅시다.

병원에서 응급 치료를 받을 때 '우리 아버지 할 수 있는 거 다 해 주십시오' 하고 울부짖는 자식이 있을 수 있고, '우리 아버지는 이렇게 무의미한 연명의료를 받길 원치 않으니까 그 뜻을 따라서 연명의료를 받지 않도록 해주십시오. 인공호흡기를 끼지 않도록 해주십시오' 하고 얘기하는 자식도 있을 수 있습니다. 둘 다 아버지를 사랑하는 마음에서 나온 의견이겠지만 정반대 의견으로 갈등이 생길 수밖에 없습니다. 이 두 의견 모두 누가 옳고 그르다고 판단하기 어려운 문제입니다.

장례를 치를 때도 마찬가지 일이 생길 수 있습니다. 우리 부모

---

* 유언장의 형식과 사례 등에 관련된 글은 이양원 변호사가 쓰고 ⟨(사)웰다잉문화운동⟩에서 출간한 『유언장 개론』을 참고했습니다.

의 마지막 가시는 길이니 가장 좋은 수의를 입혀드리고, 가장 좋은 관을 쓰고 싶어하는 가족이 있을 겁니다. 반면 이미 돌아가신 분께 좋은 옷, 좋은 관을 해드리는 것이 무슨 의미가 있냐고 생각하는 자식도 있을 겁니다. 다 허례허식이고 낭비이니 하지 않으면 좋겠다고 얘기하는 사람도 있을 겁니다. 마지막까지 정성을 다하고 싶은 마음도 이해가 되고, 이미 돌아가신 분께 무슨 의미가 있냐는 의견에도 고개를 끄덕일 수 있습니다. 이미 돌아가신 분께 무엇이 좋으시냐고 물어볼 수도 없으니 참으로 난감한 일입니다.

상속의 문제도 그렇습니다. 우리나라는 OECD 국가 중 9위, 아시아에서 1위를 차지할 만큼 이혼율이 높은 나라입니다(2019년 기준). 그런데 최근 10년 사이에 이혼 소송 건수보다 재산 상속 소송

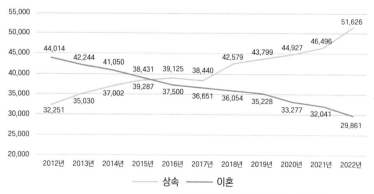

✅ 상속재판 및 이혼재판 추세(건수)

출처: 『유언장 개론』(법원행정처 사법연감 2012~2022)

건수가 훨씬 더 많아졌다는 겁니다. 실제로 상속으로 인한 소송은 아주 뚜렷하게 계속해서 증가하고 있습니다.

왜 이런 일이 생길까요? 유언장이 없기 때문입니다. 건강했을 때 본인의 연명의료 여부를 결정했더라면, 사후 장례는 어떻게 해 달라는 뜻을 분명하게 밝혔다면 자식들이 갈등하는 일은 없었겠지요. 또 내 재산을 어떻게 정리할지 결정했더라면, 상속문제가 자식들의 다툼으로 이어져 법의 기준으로 다뤄지게 되고, 사랑하는 부모 형제 간에 분쟁이 일어나는 아름답지 못한 일은 생기지 않았겠지요.

그래서 유언장은 꼭 써야 합니다. 연명의료나 장례절차, 그리고 상속에 대해 본인의 뜻을 정확하게 밝혀야 합니다. 나의 삶을 존엄하게 마무리하고 가족의 불필요한 갈등이나 다툼을 예방할 수 있는 길은 유언장을 쓰는 것입니다. '우물쭈물하다가 이럴 줄 알았다'고 탄식하는 대신, 내가 정리해야 할 일은 내 책임하에 결정하고 정합시다.

외국 영화를 보면 누군가 죽음을 맞이한 후, 가족들 앞에서 변호사가 유언장을 공개하는 장면이 종종 등장합니다. 유언장 문화가 자연스럽게 자리 잡고 있는 것이지요. 요즘 드라마에서도 장례식을 마치고, 가족들 앞에서 변호사가 유언장을 공개하는 장면이 등장하기도 합니다. 이때 대부분의 배경은 재벌가입니다. 평범한 사람들의 유언장 작성이나 공개에 관한 이야기는 거의 못 본 것 같습니다.

실제로 유언장을 작성하는 사람은 얼마나 될까요? 주위에도 보면 유언장을 쓴 사람들이 거의 없습니다. 돈 많은 분들에게 물어봐도 유언장을 쓴 사람을 발견하기는 쉽지 않습니다. 하나금융경영연구소가 2015년 실시한 설문조사에 따르면 국내에서 유언장을 작성하는 사람은 5% 미만이라고 합니다. 다른 나라에 비해 현저하게 적은 수치입니다.

외국에서는 아주 오래 전부터 유언장을 쓰는 문화가 자리 잡고 있고, 시간이 흐를수록 유언장을 작성하는 젊은 세대가 증가하고 있습니다.《월스트리트 저널(WSJ)》에 따르면 2,500명을 대상으로 설문조사를 한 결과 올해 유언장을 작성했다고 응답한 이들 가운데 18~34세 비율이 27%를 차지했다고 합니다. 2년 전 같은 조사보다 무려 9%나 증가한 결과라고 하지요. 그만큼 유언장을 쓰는 것이 자연스러운 일입니다.

그러면 왜 우리는 유언장을 쓰지 않는 것일까요? 대부분의 사람들은 죽음을 상상하고 이야기를 나누는 과정을 부정적으로 느낍니다. 또 죽음을 준비하는 과정이 대단히 어렵고 복잡하다고 생각하기도 하지요. 게다가 역사적으로 보면, 오랜 세월 동안 우리 사회에서는 유언장을 쓸 일이 없었습니다. 물려줄 게 없으니 유언장을 쓸 일도 없었던 것이지요. 최근 들어서야 우리 역사상 처음으로 부를 축적한 세대가 등장하였는데, 그 세대가 이제 늙어가고 세상을 떠나고 있습니다. 이 세대들은 유언장을 써야할 일이 생겼는데도 유언장을 쓰는 문화가 없다 보니 쓰지 않고 있는 현실입니다.

이렇게 대부분 유언장을 안 쓰다 보니 유언장을 쓴다는 것이 유난스럽게 느껴지고, 또 유언장을 써온 전통이 없는 상태에서 유언장을 쓰자니 낯설고 어렵게 느껴질 수밖에 없습니다.

유언장을 안 쓰면 생기는 일

만일 내가 유언장을 안 쓰면 무슨 일이 벌어질까요? 상속 때문에 가족 간에 다툼이 일어날 수 있습니다. 최근 10년간 이혼 소송보다 상속 소송이 훨씬 더 많아진 것만 봐도 알 수 있지요. 유언장이 없기 때문입니다 '호미로 막을 것을 가래로 막는다'는 속담이 있습니다. 어떤 일을 방치했다가 나중에 더 큰 힘과 돈이 들어갈 수 있다는 말입니다. 상속 때문에 생기는 소송을 보면 이보다 더 적당한 말이 또 있을까 싶습니다.

상속으로 인한 분쟁이 생기면 법이 결정하게 됩니다. 이 과정에서 돌아가신 분의 뜻은 사라지고 갈등과 분쟁이 발생해 품격이 사라지게 됩니다. 돈 많은 사람들이나 쓰지 집 한 칸밖에 없는데 무슨 유언장을 쓰냐고 많이 말씀하십니다. 과연 그럴까요? 우선 집 한 칸이 요즘 얼마나 큰 가치를 갖고 있습니까? 자녀들 입장에서 받아도 그만 안 받아도 그만인 게 아닐 수 있습니다. 그러니 집 한 칸밖에 없어서 유언장을 쓸 필요 없다고 하면 분쟁을 부추기는 무책임한 말이 됩니다.

상속 분쟁은 더 이상 남의 이야기가 아닙니다. 사망자는 빠르게 늘어나고 있고, 가족 형태도 훨씬 복잡해졌습니다. 경제성장률까지 떨어지며 상속은 무시할 수 없는 소득이 되었습니다. 그러니 가족 간에 다투지 않는다고 누구도 자신할 수 없습니다. 아파트 한 채 가격이 수억 원이고 10억 원을 넘어가는 경우도 있습니다. 이런 상황에서 유언장을 안 쓰면 자녀 간 상속 다툼을 부추기는 꼴밖에 안 됩니다.

왜 유언장을 남기지 않아서 자식들이 싸우게 만듭니까? 정말 안타까운 일입니다. 내가 평생 모은 귀한 재산을 어떻게 정리할지 내가 결정하지 않았기 때문에 그런 일이 생기게 됩니다. 죽은 자도 산 자도 걱정이 없게 하려면 무엇이 필요할까요? 바로 유언장입니다. 집 한 칸 때문에 가족이 풍비박산 날 수도 있으니 유언장은 꼭 써야 합니다. 유언장으로 막을 수 있는 분쟁을 다툼으로 이어가지 말아야 합니다.

유언장을 꼭 써야 하는 또 다른 이유는 유언자의 뜻이 재산 배분에 중요한 기준이 돼야 하기 때문입니다. 유언장을 쓰지 않으면 유산은 배우자에게 몇 프로, 자녀에게 몇 프로씩 아주 산술적으로 획일적 배분을 하게 됩니다. 그렇게 기계적인 배분이 가장 합리적이라고 할 수 있을까요?

가정마다 상황이 다르기에 우리 집 상황에 맞는 배려 원칙이 필요할 수도 있습니다. 다른 자녀에 비해 경제적인 기반이 더 취약하다든가, 건강이나 생활 능력에 문제가 있는 자녀는 좀 더 배려가 필요할 수 있습니다. 획일적인 배분보다 사정이 어려운 자녀에게 좀 더 많이, 재산도 잘 모으고 생활력이 충분한 자녀에게는 조금 더 적게 나눠줄 필요가 있을 수도 있으니까요. 더 마음이 쓰이는 자녀들에 대해 다른 방식의 배려를 하고 싶다면 그 내용을 구체적으로 적은 유언장을 써야 합니다.

최근에 헌법재판소에서 불효자에게는 유산을 주지 않아도 된다는 판결이 있었습니다. 지금까지는 모든 자녀에게 돌아갈 몫의 절반은 유류분이라 해서 반드시 보장되어 왔는데, 효도하지 않은 자식에게는 주지 않아도 되게 한 것입니다. 그러니 불효자에게 유산을 남겨주지 않으려면 어떻게 해야 할까요? 유언장을 써야 합니다. 유언장을 쓸 이유가 하나 더 늘어난 셈입니다.

유언장은 내가 세상을 떠날 때 이 세상에 남기는 마지막 말입니다. 이 작은 종이에는 나의 삶과 가치, 그리고 사랑하는 사람들에게 전하는 마음이 담겨 있습니다. 나의 마지막을 어떻게 보내고 싶은가에 대한 나의 뜻이 담겨 있습니다. 세상을 떠나기 전 종이 한 장에 적은 유언장 안에는 내 삶과 마음과 뜻이 담기게 되어 내가 떠난 뒤에도 나의 이야기가 계속 이어지게 됩니다.

유언에 관한 흔한 오해

대부분의 사람들은 유언에 대해 몇 가지 오해를 하고 있습니다. 유언은 노인만 한다는 것입니다. 1970년대 초 우리나라 남자 평균 수명은 58세였습니다. 환갑잔치를 하고 노인 대접을 받는 일이 당연했습니다. 그런데 지금은 100세 시대를 맞았습니다. 예전에는 60세면 노인 대접을 받았지만, 요즘에는 60세 이후로도 30~40년 가까운 세월을 힘차게 살아가는 사람들이 많습니다. 게다가 우리는 이미 고령 사회도 넘어서 초고령 사회를 맞고 있습니다. 2025년이 도래하면 65세 이상 인구가 20.6%를 차지해 초고령 사회에 도달한다고 합니다. 예전으로 따지면 환갑이 넘는 노인이 전체 인구의 4분의 1이 넘게 됩니다. 국민 4명 중 1명 이상이 노인인 사회에서 노인이냐 아니냐가 과연 의미가 있을까요? 유언장은 노인이 쓰는 것이 아니라 필요한 사람이 쓰는 것입니다.

① 젊지만 유언장이 꼭 필요한 사람도 있어요

이런 사례가 있습니다.

이혼하고 싱글맘으로 살아가는 35세 이 모 씨는 작지만 탄탄한 사업체를 운영하며 살고 있습니다. 사랑스런 네 살짜리 아들의 육아는 친정어머니가 맡아주고 계십니다. 아직 젊지만 혼자 아이를 양육하는 이 씨는 혹시라도 자신에게 무슨 일이 생기면 아이를 누가 돌보나 염려가 됩니다. 아이의 아빠는 재혼을 해서 새 가정을 꾸미고 살고 있어서, 아이를 전남편에게 맡기기보다 친정어머니가 맡아주시면 좋겠다고 생각합니다.

엄마, 제게 무슨 일이
생기면 아이를
맡아주세요!

아직 젊은데
그런 말을 하니…

만일 이 모 씨가 사망한다면 이 씨의 재산은 모두 아들에게 상속됩니다. 그런데 네 살인 아들은 미성년자라 성년이 될 때까지 아이를 양육하고 재산을 관리하는 법정대리인이 필요합니다. 부부가 이혼한 상태에서 친모가 사망한다면 새 가정을 꾸리고 있는 아빠가 친권자가 될 확률이 큽니다. 아이를 돌보던 친정어머니가 법정대리인이 되려면 복잡한 법적과정을 거쳐야만 합니다. 이 씨의 경우, 친정어머니를 후견인으로 지정하는 유언장을 작성해 놓으면 문제는 쉽게 해결할 수 있습니다. 젊고 건강한 35세의 싱글맘 이 씨에게 유언장 작성이 꼭 필요한 이유입니다.

② 부자만 유언장이 필요할까요?

대부분의 사람들은 유산 분쟁은 재산이 많은 사람들에게나 일어나는 일이지 우리 같은 서민들이 뭘 그렇게 싸우겠냐고 생각할 수 있습니다. 그렇지 않습니다. 앞에서도 얘기했듯이 우리 역사상 처음으로 재산을 가진 세대가 등장했고 그들이 늙어가고 세상을 떠나가고 있습니다. 또한 신 노년 세대의 주력군이 등장하고 있습니다. 바로 베이비부머 세대입니다.

한국전쟁이 끝나고 난 뒤 사회가 안정되면서 100만 명 가까운 새로운 생명들이 매해 태어났습니다. 그분들이 잘 자라고 열심히 일해서 우리 사회를 이만큼까지 발전시켜 놓고 이제 은퇴를 하고 있습니다. 또 그 앞 세대, 60~70년대에 어린 나이에 공장에 나가거나 가게에서 또는 남의 집에 일꾼으로 가서 고생하면서 열심히 일해 재산을 모은 분들이 세상을 떠나기 시작했습니다.

이렇게 부를 축적한 세대가 노인이 되어 죽음을 맞이하는 시기는 최근에 들어서야 나타나는 현상입니다. 이전에 수백 년 수천 년간 보통 사람들은 나눠줄 재산도 없었으니, 재산을 나누기 위한 유언장을 고민할 필요도 없었을 것이고, 유언장을 쓰는 일 역시 나와는 상관없는 이야기일 뿐이었습니다. 하지만 이제는 다릅니다.

평범한 대부분의 사람들은 평생 모은 재산이 집 한 채인 경우가 많습니다. 다들 시골에서 농사지으며 살던 시절, 그 낡고 오래된 집 한 칸의 재산 가치가 얼마나 되었겠습니까? 그래서 대부분 장남이 물려받아서 부모님 봉양하며 살고, 다른 자식들은 열심히 자기 앞길을 헤쳐 나가며 살아왔습니다. 그 시절에는 집 한 칸이 재산으로서 별 의미가 없었을 수도 있습니다.

그런데 사회가 달라졌습니다. 지난 이삼십 년 사이에 재산의 가치가 무척 엄청나게 높아졌습니다. 집 한 채는 적은 돈이 아닙니다. 요즘처럼 아파트 한 채가 수억에서 수십억인 시대에 유언을 남기지 않고 세상을 떠나면 어떨까요? 가족 간에 분란이 일어나지 않는다고 보장할 수 있겠습니까?

상속 소송이 일어나는 경우, 큰 금액이 아니라 몇백만 원, 몇천만 원을 두고 벌어지는 다툼이 대부분입니다. 더구나 1인 가구가 증가하고 이혼이나 재혼으로 가족관계가 복잡해지는 요즘 사회에서, 유언장을 쓰지 않으면 내가 원하지 않은 결과가 나타나기 쉽습니다.

큰 재산만 소중한 것이 아닙니다. 적은 돈, 작은 물건이라도 사랑하는 사람에게 물려주고 싶은 것이 있습니다. 내가 평생 모은 재산이나 소중한 물건을 누구에게 어떻게 나누어 줄지는 내가 결정하고 정리해야 합니다. 또 재산이 많다고 해서 유언장을 써야 되고, 적다고 해서 유언장을 쓸 필요가 없다니 그런 법이 어디 있습니까?

흔히 하는 말로 나뭇가지 위에 앉아 있는 새 열 마리보다 내 손 안의 새 한 마리가 훨씬 소중하다고 합니다. 작든 크든 내가 평생 열심히 일해서 모은 깨끗한 재산입니다. 그 재산을 내 뜻대로 나누는 일이야말로 마땅히 내가 감당해야 할 책임이고, 내 삶을 내 뜻대로 마무리하는 중요한 결정이 되는 일입니다.

유언장, 어떻게 쓸까요?

유언장, 언제 써야할까요?

많은 분들이 유언장을 언제 써야하냐고 물어봅니다. 그럴 때마다 '이때쯤 유언장을 쓰면 좋겠다'는 생각이 들 때 쓰면 된다고 대답합니다. 사람마다 처한 상황이 다를 터이니 유언장을 쓰는 시기도 각각 다른 것이 당연합니다. 그런데 모든 사람들에게 똑같이 적용해야 할 중요한 기준이 하나 있습니다. 바로 유언장은 건강할 때 맑은 정신으로 써야 논란의 소지가 적다는 것입니다.

몇 년 전 꽤 유명한 재단을 두고 상속 분쟁이 있었습니다. 어머니가 별세하시며 세 명의 자식들에게 재산을 남겼는데, 셋 중 막내에게 훨씬 더 많은 재산을 남긴 것입니다. 첫째와 둘째는 더 많은 재산을 물려받은 막내를 상대로 '유언무효' 소송을 제기했습니다. 어머니가 뇌종양 수술을 받은 뒤여서 '유언장을 작성할 당시 유언에 필요한 의사식별 능력이 없었다'며 소송을 제기한 것입니다. 재판부는 "원고들이 제출한 증거만으로 고인이 유언할 수 있는 의사식별 능력이 없었다고 단정하기 어렵다"고 판단해 원고의 청구를 모두 기각했습니다.

재판부의 판단 기준은 무엇이었을까요? 소송을 건 첫째와 둘째의 주장처럼 고인은 2월 뇌종양 제거 수술을 받고 5월에 유언장을 작성한 후 다음 해 2월에 별세하였습니다. 그런데 고인이 유언 전후 치매검사로 불리는 간이정신상태평가(MMSE)를 받았는데 30점 만점 중 17~19점을 받은 것입니다.

재판부는 MMSE 점수가 다소 낮긴 하지만 중증 인지 장애에 해당한다고 판단하기는 어렵다고 보았습니다. 또 첫째에게 '주민등록등본 한 통 떼서 갖다 주렴. 내가 건강할 때 유산 상속을 하려 한다'는 문자를 남긴 것도 주요한 판단기준이 되었습니다. 상속권자인 고인이 맑은 정신으로 건강한 상태에서 유언장을 썼느냐 그렇지 않은가에 대한 판단이 기준이 된 것입니다.

유언장을 쓰려면 건강할 때 미리 써야 합니다. 유언장을 미리 썼다가 나중에 상황이 달라지면 어떡하나 염려가 되십니까? 상황이 바뀌고 마음이 바뀌면 유언장을 고치면 됩니다. 유언자가 살아 있는 동안 유언장은 얼마든지 바꿀 수 있습니다. 내가 작성한 유언장을 진정한 내 의지대로 적용하기 위해서는 건강할 때 맑은 정신으로 작성해야 합니다.

제가 일하고 있는 〈웰다잉 문화운동〉에서는 유언장 쓰기 운동의 명칭을 '유언장 써보기'로 정했습니다. 완성된 형태의 유언장을 쓰려다 보니 어렵고 부담이 돼서 포기하기 쉽습니다. 잘 정리된 유언장은 나중에 쓰기로 하고, 일단 한번 생각나는 대로 아무것도 신경 쓰지 말고 쉽게 써보자는 것입니다. 쓰다 보면 내 마음에 맞는 내용으로 만들어질 수 있겠지요.

유언장을 쓰다 보면 나의 인생을 돌아보게 됩니다. 한 번쯤 내가 살아온 삶을 정리해 보면 거기서 내 삶의 의미를 새롭게 발견하게 됩니다. 또, 그 과정을 통해 남은 삶을 보다 뜻깊고 보람 있게 살 수 있는 계기가 마련되기도 합니다.

황금보다 더 귀중한 게 지금, 이 시간입니다. 나이 들면 특히나 더 그러합니다. 죽음이 내 곁에 다가오고 있다는 것을 인정하는 자세로, 내가 지금 맞이하는 이 순간을 가치 있게 생각하는 삶의 자세가 필요합니다. 지금 내 삶에서 정말 중요한 이정표를 만드는 일, 또 앞으로의 인생에 디딤돌을 만드는 일이 유언장을 쓰는 일입니다.

유언장, 어떤 방식으로 쓸까요?

유언장을 쓰겠다고 결심해도 막상 작성하려면 막막하게 느껴질 수 있습니다. 하지만 알고 보면 어려운 일도 아닙니다. 내가 작성한 '유언'이 법률적으로 어떤 특징을 가지고 있는지 이해하면 쉬워집니다. 먼저 유언의 효력은 유언자가 사망한 후에 발생합니다. 유언을 집행하기 전 유언장의 내용이 정확한지 확인하려고 해도 이미 고인이 된 사람에게 물을 수는 없는 노릇입니다.

그래서 유언장은 반드시 법으로 정한 엄격한 방식을 따라 작성해야 합니다. 생전에 유언장을 작성했더라도, 법이 정한 방식에 위배되거나 유언 내용이 불명확하다면 그 유언장은 무효가 되고 맙니다. 또 하나는 유언장은 유언자가 생전에 자유롭게 바꾸거나 철회할 수 있다는 점입니다. 유언자가 살아있는 동안에는 효력이 발생하지 않으니 얼마든지 변경하거나 철회할 수 있습니다.

만일 유언을 여러 번 하였다면 그중 가장 나중에 한 유언이 효력을 가지게 됩니다. 이전 유언장에서 '전 재산을 아들에게 남긴다'고 유언을 남겼어도 마음이 바뀌어 '집은 가족에게 남기고 예금은 기부한다'로 바꾼다면 앞서 한 유언은 효력을 상실하게 됩니다. 이 두 가지를 명심한다면, 나머지는 내가 편한 방식으로 유언을 남기면 됩니다.

법률이 정한 유언을 남기는 방식은 다음과 같은 다섯 가지입니다.

첫째, 유언자 본인이 모든 내용을 직접 작성하고 날인하는 자필증서 유언입니다.

둘째, 녹음기기를 이용해서 유언자의 음성으로 유언을 남기고 녹음을 증거로 하는 녹음 유언입니다.

셋째, 공증사무실에서 유언자의 유언을 들은 공증인이 유언장을 문서로 작성하고 공증을 받는 공정증서 유언입니다.

넷째, 유언자가 작성하고 봉인한 문서를 두 명의 증인에게 제출하고, 이후 공증을 받는 비밀증서 유언입니다.

마지막 다섯째는, 유언자가 두 명 이상의 증인에게 유언의 취지를 말한 뒤, 그 말을 들은 한 사람이 필기하고 다른 사람이 승인한 뒤 서명하는 구수증서 유언입니다.

이 다섯 가지 방식에 맞춰 유언을 남겨야만 법적인 효력이 발생합니다.

---

❶ **자필증서에 의한 유언(민법 제 1066조):** 유언자가 유언장 전문과 작성연·월·일, 주소 그리고 이름을 반드시 자필로 쓴 뒤 날인해야 한다. 수정이나 삭제 역시 유언자가 자필로 쓰고 날인해야 한다.

❷ **녹음에 의한 유언(민법 제 1067조):** 유언자가 녹음기기에 유언의 내용과 취지, 그리고 이름과 연·월·일을 말해야 한다. 그리고 이에 참여한 증인은 이 유언의 정확함과 그 성명을 말해야 한다.

❸ **공정증서에 의한 유언(민법 제1068조):** 유언자가 증인 두 명과 공증인 앞에서 유언의 취지를 말한다. 그러면 공증인이 이를 필기해 낭독하고, 유언자와 증인들이 그 정확함을 확인한 뒤 각자 서명해야 한다.

❹ **비밀증서에 의한 유언(민법 제1069조):** 유언자가 직접 성명을 기입한

증서를 엄봉하고, 날인한 뒤 두 명 이상의 증인 앞에서 이를 제출하는 방식이다. 봉투 표면에는 제출한 연·월·일을 기재하고 유언자와 증인이 각자 서명하면 된다. 이후 표면에 기재된 날로부터 5일 이내 공증인 또는 법원서기에게 제출해 확정일자를 받아야 한다.

❺ **구수증서에 의한 유언(민법 제 1070조):** 구수증서(口授證書)란 유언자가 다른 사람에게 말한 내용을 글로 작성한 것이다. 이는 질병이나 그 밖의 급박한 사유로 위 네 가지 방식의 유언을 할 수 없는 경우에 사용한다. 방식은 유언자가 두 명 이상의 증인이 참여한 가운데 유언의 취지를 말하면, 그 말을 들은 한 사람이 이를 필기 낭독한다. 유언자의 증인이 그 정확함을 승인한 뒤 각자 서명한다.

출처: 대한민국 민법

자필이냐 공증이냐 그것이 문제

일반적으로 자필증서 유언, 녹음 유언, 그리고 공정증서 유언을 많이 사용합니다. 자필증서 유언이나 녹음 유언은 쉽고 간편하게 작성할 수 있지만 검인절차가 필요합니다. 또 분실되거나 훼손될 우려가 있기도 합니다. 이런 점이 염려스럽다면 공정증서 유언을 선택하면 됩니다.

공정증서 유언은 검인절차가 필요 없고 확실하게 보관할 수 있어서 분실 및 훼손의 염려가 없습니다. '공증'이라는 방법을 이용하면 수고와 비용(공증 수수료 1억 원당 15만 원)이 들겠지만, 스스로 유언장을 작성하기가 부담스러운 분들은 편리하게 유언장을 작성할 수 있습니다.

공정증서 유언은 유언장의 분실이나 훼손을 막는 것 외에 보관이 쉽다는 장점도 있습니다. 자필이냐 공증이냐 둘 중에 어떤 방법이 더 좋으냐고 물으신다면, 여러분의 상황에 맞게 선택하시라고 말씀드리겠습니다.

◎ 자필증서 유언과 공정증서 유언의 장단점 비교

	자필증서 유언	공정증서 유언
장점	쉽고 간단하게 작성	확실한 보관 검인절차 불필요 간편한 집행
단점	분실, 훼손 우려 검인절차 필요 집행문제 발생 가능	공증수수료 부담 (1억 원당 15만 원) 증인 2명과 함께 공증사무소 출석 서식에 따른 유언-표현의 제한

출처: 『유언장 개론』 이양원 지음, 〈웰다잉문화운동〉

유언장을 쓰기 전 생각하세요

① 유언장을 남기는 이유에 맞게 유언방식을 선택한다

유언장은 우리가 이 세상을 떠날 때 남기는 마지막 메시지라고 말씀드렸습니다. 인생을 정리하는 유언장을 쓰려고 하면 대부분은 살아온 수많은 날들이 주마등처럼 스치며 추억과 회한에 휘

말려 아무것도 쓰지 못하는 분들이 계십니다. 그렇게 생각하면 유언장 쓰기가 어려워집니다. 그럴 필요가 없습니다. 유언장은 삶을 정리하는 자서전이나 회고록을 쓰는 것이 아닙니다. 내가 꼭 전할 필요가 있는 내용을 간결하고 명확하게 남기면 됩니다.

머리를 비우고 유언장을 쓰는 이유를 한두 가지만 찾아보세요. 예를 들어 '유산 싸움이 나지 않게 미리 분배한다' '사랑하는 가족에게 마지막 인사를 남기고 싶다' '혼자 남은 배우자를 자식들에게 잘 돌봐달라고 말하고 싶다' '나의 반려견을 책임지고 돌봐주면 좋겠다'같이 유언으로 말하고 싶은 내용을 구체적으로 찾은 후 여기에 맞는 유언방식을 선택하면 됩니다.

② 상속하고 싶은 물건 목록을 작성한다

내가 상속하고 싶은 소중한 재산과 물건은 무엇인지 생각해서 목록을 작성합니다. 상속하려는 물건이 모두 법적 효력을 가지는 것은 아닙니다. 법에서 정하는 사항만 효력이 있는데, 이를 '법정 유언 사항'이라고 합니다. 어떤 유언내용이 법정 유언 사항에 해당할까요?

첫째, 상속재산의 처분에 관한 내용입니다. 유증(내 재산을 누구에게 준다), 신탁(내 재산을 어디에 신탁해라), 재단법인 설립(내 재산으로 어떤 재단법인을 설립해라) 같은 내용입니다. 상속할 재산의 분할 방법을 지정하거나, 상속재산의 분할, 유언집행자 지정도 유언으로 정할 수 있습니다. 단, 상속재산의 분할 금지는 5년간만 유효합니다. 가족이 아닌 제삼자에게 재산을 상속하거나, 자녀들 중한 사람에게 재산을 많이 상속하는 것 같은 내용도 유증에 해당되어 법적 효력을 가질 수 있습니다.

둘째, 자녀와 관련된 내용입니다. 친생부인(내 자식이 아니다), 인지(내 자식으로 출생신고를 해라), 미성년후견인 지정과 관련한 내용입니다.

법적 유언 사항 외에 '남은 배우자를 잘 돌봐라' '반려견을 책임져라' 같은 당부사항이나 장례방법의 지시 같은 내용은 도덕적 의미를 가질 뿐 법적 효력은 없습니다.

❀ **법정 유언 사항**

1. 유증
2. 신탁
3. 재단법인 설립
4. 상속재산 분할 방법 지정 및 위탁
5. 상속 재산 분할 금지(5년간만 유효)
6. 친생부인
7. 인지
8. 후견인 지정
9. 유언집행자 지정 및 위탁

③ 상속하고 싶은 사람과 이유를 정리한다

상속할 재산이 있는 경우에 누구에게 상속을 하고 싶은지 그 이유는 무엇인지 생각해서 정리하는 것이 좋습니다. 유언을 남기지 않는 경우 상속재산은 법정상속인에게 법정상속분만큼 계산해서 상속됩니다. 만일 법정상속인이 아닌 제삼자나 자선단체에게 상속을 하고 싶다면 유언으로 남기도록 합니다.

④ 유언집행자, 후견인을 지정한다

유언집행자는 유언자의 사후에 유언자의 뜻에 맞게 유언을 집행하는 사람을 말합니다. 나의 뜻에 따라서 유언을 집행해줄 만한 성실하고 신뢰할 수 있는 사람을 찾아 지정합니다. 유언집행자에는 제한이 없습니다. 상속인도 유언집행자가 될 수 있습니다. 또 유산 기부를 받는 자원봉사단체 혹은 자선단체 자체나 법인 자체가 유언집행자가 될 수도 있습니다. 유언자는 내가 한 유언이 어떻게 해야 가장 잘 집행될 것인지를 염두에 두고 유언집행자를 지정하시면 됩니다.

유언집행자를 따로 지정하지 않은 경우는 상속인이 법정유언집행자가 됩니다. 상속인이 없는 경우는 법원이 선임한 선임유언집행자가 유언집행을 맡습니다. 만일 미성년 자녀가 있다면 아이를 믿고 맡길 사람을 후견인으로 정해서 지정해 두는 것이 좋습니다. 성인 역시 가능하다면 후견인을 지정해 두는 것이 좋습니다.

평균 수명이 증가하면서 치매와 같은 정신적 질환의 발병률 역시 높아지고 있습니다. 정신적 질환이 발생하면 일상생활에서 올바른 판단이 불가능할 수 있으니, 은행 업무나 부동산 거래, 또 법률 행위 같은 중요한 사안에 누군가의 도움이 필요할 수 있습니다. 따라서 고령, 질병, 사고 등의 이유로 일상에서 정상적인 의사결정이나 사무처리가 어려운 성인은 가정법원이 인정한 후견인이 피후견인을 대리해 신변이나 재산 처리를 도와줄 수 있도록 하는 성년후견 제도를 활용할 수 있습니다.

만일 성년후견인을 지정해 놓지 않은 상태로 정상적인 의사결정이 어려운 상태가 되었다면 가족이나 부부라고 해도 신변, 재산 문제를 대신할 수 없습니다. 그러니 나에게 문제가 생겼을 때를 대비해 유언장에 성년후견인을 지정해 놓기를 추천합니다.

◉ 성년후견인 지정 가이드

Q 누가 후견인이 될 수 있나요?

A 가정법원에서 후견인 선임을 신청할 수 있는 사람은 피후견인 본인과 배우자, 4촌 이내의 친척이며, 예외적으로 변호사, 검사, 지방자

치단체의 장이 해당 절차를 법원에 청구할 수 있습니다.

Q 후견인 선임 시 다른 조건이 있나요?

A 후견인은 피후견인에 대해 막중한 권한을 대리하는 사람이므로 엄격한 결격사유를 규정하고 있습니다. 따라서 다음과 같은 사람은 선임 신청을 할 수 없으며 신청을 해도 기각됩니다.

— 미성년자

— 회생 또는 파산 선고를 받은 사람

— 신원이 불분명한 사람

— 자격정지 이상의 형을 선고받았거나 형 중에 있는 사람

— 피후견인을 상대로 소송을 제기했거나 소송 중에 있는 사람

Q 후견인 신청 시 필요한 것은 무엇인가요?

A 다음과 같은 서류를 법원에 제출하면 됩니다.

— 피후견인과 신청인의 가족관계증명서, 주민등록등본, 기본증명서

— 피후견인의 후견등기사항 전부증명서 또는 후견등기사항 부존재증명서

— 신청인의 후견등기사항 부존재증명서, 신용정보 조회서

— 피후견인의 병원진단서, 정신감정서, 진료기록서

자필증서 유언 만들기

자필증서 유언 작성 방법

65세에 다니던 직장을 은퇴한 이몽룡 씨는 현재 서초구 아파트 32평에서 살고 있습니다. 어느 날, 교통사고로 사망한 친구의 장례식장에 다녀오다가 '나도 갑자기 세상을 떠나면 어떡하지?' 하는 생각이 들어 유언장을 작성하기로 마음먹었습니다. 상속할 재산은 현재 거주 중인 아파트 한 채이고 상속받을 사람은 아내와 아들 두 사람뿐이라서 간단한 자필증서 유언을 쓰기로 했습니다. 인터넷에 검색해보니 많이 사용하는 유언장 형식도 쉽게 발견할 수 있었습니다. 이몽룡 씨는 검색한 유언장 양식 중 하나를 내려받아 워드프로세서로 아래와 같이 유언장을 작성했습니다.

나 이몽룡은 서울 서초구 서초대로00길 000동 0000호(서초동, 00 아파트)를 포함한 전 재산의 50%를 아내 성춘향에게, 나머지 50%를 아들 이도령에게 상속한다.

유언집행자로 아들 이도령을 지정한다.

2024년 00월 00일 서울 서초구 서초대로00길 000동 0000호(서초동, 00아파트)

이몽룡 (인)

작성을 마친 유언장은 출력해서 도장을 찍은 후 서랍에 잘 보관했습니다. 며칠 후 변호사로 일하는 사촌동생 변학도 씨가 놀러 오자 이몽룡 씨는 유언장을 꺼내 보여주며 잘못된 곳이 있는지 살펴달라고 했습니다. 그런데 유언장을 본 변학도 씨가 "형님, 죄송하지만 이 유언장은 무효입니다"라고 말하는 것이 아닙니까! 어렵게 작성한 유언장이 무효인 까닭은 무엇일까요?

이몽룡 씨는 컴퓨터에서 유언장 양식을 내려받은 후 워드프로세서로 작성해서 출력한 뒤 날인을 했습니다. 요즘은 인터넷에서

'유언장'만 검색해도 다양한 유언장 양식을 손쉽게 내려받을 수 있습니다. 참 편리한 세상이지요. 유언장 양식을 내려받아 사용하는 것은 문제가 되지 않습니다. 다만 유언장에 적는 내용은 반드시 유언자가 자필로 써야 합니다.

유언장의 효력은 작성한 유언자가 사망한 후에 효력이 발휘됩니다. 유언을 집행할 때 유언자는 이미 세상에 없으니 명확하지 않은 내용이 있어도 확인할 사람이 없습니다. 그래서 법률로 정한 엄격한 방식을 따라 작성한 유언장만 법적 효력을 가질 수 있도록 법으로 정하고 있습니다.

이몽룡 씨처럼 자필이 아니라 워드프로세서로 유언장을 작성해 출력하면 그 유언장은 법적 효력을 상실합니다. 또 자필로 작성한 유언장이라 해도 원본이 아닌 복사본이라면 법적 효력이 없습니다. 그렇다면 법률에서 정한 유언장 쓰는 방법은 무엇일까요?

이것만은 반드시 자필로 쓰세요

우리나라 민법 제 1066조에서는 '유언자가 유언의 전문과 작성 연월일, 주소 그리고 이름을 반드시 자필로 쓴 뒤 날인해야 한다. 수정이나 삭제 역시 유언자가 직접 쓰고 날인해야 한다'고 정하고 있습니다.

① 유언의 전문

유언 내용은 가능한 한 명확해야 합니다. 누구에게 어떤 재산을 상속할지 구체적으로 분명하게 적어야 합니다. 만일 유언자가 여러 채의 아파트를 소유하고 있을 때, '아파트 전체를 아들에게 상속한다'는 유언을 남긴다면, 소유한 아파트 중에서 한 채를 온전히 상속하다는 의미인지, 소유한 아파트 여러 채를 모두 다 상속한다는 의미인지 분명하지 않아 상속인 사이에서 분쟁을 초래할 수 있습니다.

유언으로 지정하려는 재산은 다른 재산과 구별될 수 있도록 구체적으로 기록해야 합니다. 이몽룡 씨가 '서울 서초구 서초대로 00길 000동 0000호(서초동, 00아파트)'라고 적은 것처럼 분명한 주소를 적어야 합니다. '서초동 00아파트 000동 000호'처럼 지번 주소나 도로명 주소가 없는 경우에도 분명한 위치와 호수를 명시한다면 유효합니다. 중요한 것은 반드시 자필로 기록해야 한다는 점입니다.

또, **상속할 재산목록도 반드시 자필로 적어야 합니다.** 앞의 내용을 자필로 적었더라도 상속할 재산 목록을 프린트해서 첨부한다면 유언은 무효가 됩니다.

② 연월일, 주소, 성명

유언자의 주소와 성명을 반드시 자필로 '서울 서초구 서초대로00길 000동 0000호(서초동, 00아파트)'처럼 정확한 주소를 적어야 합니다. 유언자의 주민등록상 주소와 실거주 주소가 다른 경우 둘 중 하나를 적어도 괜찮지만, '서울 서초대로00길'처럼 명확하지 않게 적는 경우 유언장은 무효가 됩니다.

연월일은 유언장을 완성한 날짜를 써야합니다. 만일 유언장의 내용을 수정, 삭제, 첨부한다면 기존의 연월일을 자필로 변경된 날짜로 바꾼 후 날인해야 합니다.

③ 유언장에 날인은 도장이나 무인(지장) 모두 가능하지만 사인은 안 됩니다. 날인 대신 **사인을 한 경우는 유언장 전체가 무효가 되**니 꼭 주의하셔야 합니다.

④ 추후에 유언 내용을 변경할 때는 삽입, 추가, 변경할 내용과 변경한 연월일을 자필로 적고 날인해야 합니다.

⑤ **자필 유언장은 원본만 효력을 가집니다.** 자필로 쓴 후 복사를 하거나, 유증재산목록을 프린트한 것은 효력을 가질 수 없습니다.

자필 유언장 작성 가이드

① 자필로 작성해야 하는 내용을 확인합니다.

② 자필 유언장을 작성하기 전에 미리 초안을 써서 법률적으로 문제가 없는지 확인한 후 자필로 베껴서 유언장을 작성하는 것이 좋습니다.

③ 유언서 작성 장면을 녹화하기를 추천합니다. 자필증서 유언은 상속인들 사이에서 다툼이 일어나는 경우가 종종 발생합니다. 유언장 작성 시에 유언자가 '치매 상태였다' '강요에 의해 작성됐다' 같은 논란을 예방하려면 유언자가 유언서를 작성하는 모습을 동영상으로 녹화해두는 것이 좋습니다.

④ 자필 유언장을 작성한 후에는 사후 유언이 받는 사람에게 정확하게 전달될 수 있도록 필요한 조치를 취해 놓아야 합니다. 작성한 유언장을 어디에 보관할지 정하고 이 유언장이 어디에 보관되어 있다는 것을 유언장에 기재하면 사후 유언장이 제대로 공

개되지 않거나 위변조되는 것을 예방할 수 있습니다.

⑤ 채무와 관련된 부분이나 나의 유품 정리에 관련된 부분 등도 유언장에 포함시킬 수 있습니다. 이 내용 역시 반드시 자필로 기재하셔야 합니다.

유언장에는 법률적 효력은 없지만 꼭 담겨야 할 내용들도 있습니다. 가족과 친지 및 지인에게 남기는 말 등도 기재할 수 있는데, 이 부분은 자필을 사용하지 않고 인쇄된 부분을 첨부하셔도 무방합니다. 가족들에 대한 당부, 또 내가 원하는 장례 방식, 또 왜 이와 같이 유언을 하며 왜 이와 같이 유산을 분배하는가, 자원봉사단체 혹은 자선단체에 기부를 하는가 등 그 이유를 상세하게 쓰셔도 됩니다.

● 녹음 유언 만들기

식당을 운영하며 상당한 재산을 모은 74세 독신 박 씨 부인은 12살 반려묘 까망이와 함께 52평 아파트에서 살고 있습니다. 박 씨 부인에게는 유일한 혈육인 여동생이 있었지만 결혼을 한 후 한 번도 찾아오지 않고 연락조차 받지 않으며 남처럼 지냈습니다. 오히려 오랜 기간 박 씨의 식당에서 일을 해온 52살 심청 씨를 딸처럼 여기며 사이좋게 지내왔습니다.

어느 날 박 씨 부인은 매년 하던 건강검진에서 간의 이상을 발견하고 정밀검사를 받은 결과 간암이라는 진단을 받았습니다. 간이식이 필요하다는 의사의 소견에 심청 씨는 지푸라기라도 잡는 심정으로 박 씨 부인의 여동생을 수소문했으나 이미 세상을 떠났고 여동생의 아들인 45세 연놀부 씨만 만나게 되었습니다.

심청 씨는 박 씨 부인의 수술을 위해 자신과 함께 검사를 받아달라고 부탁했지만, 연놀부 씨는 교류도 없던 이모에게 간이식을 할 이유가 없다며 거절했습니다. 할 수 없이 심청 씨 홀로 간이식 적합 검사를 받는데, 다행히 검사결과가 좋아서 박 씨 부인에게 간이식을 해줄 수 있었습니다.

무사히 수술을 마치고 회복중인 박 씨 부인에게 조카 연놀부 씨가 찾아왔습니다. 병문안을 이유로 찾아온 연놀부 씨가 박 씨 부인의 집이나 재산에 대해 꼬치꼬치 물으며 관심을 보이자 박 씨 부인은 불편한 마음이 들었습니다. 낯선 조카보다 오랜 시간 딸처럼 지낸 심청 씨와 반려묘 까망이를 진짜 가족처럼 느끼고 있었으니까요.

박 씨 부인은 심청 씨와 반려묘 까망이, 그리고 자신이 겪은 것처럼 몸이 아픈 환자들을 위해 일생 동안 모은 재산을 사용하고 싶었습니다. 그래서 반려묘 까망이를 돌보는 조건으로 식당을 심청 씨에게 상속하고, 집과 예금을 환우들을 위해 기부하기로 마음먹었습니다.

아직 회복중이라 공증사무소를 가는 것이 부담스럽고, 제대로 배우지 못해 자필증서 유언장을 작성하는 것도 부담스러웠던 박 씨 부인은 병원 기부지원센터에 상담을 했고, 직원이 추천한 녹음 방식으로 유언을 남기기로 했습니다.

박 씨 부인은 병원 직원을 증인으로 세우고, 미리 준비한 유언원고를 읽는 모습을 휴대전화로 녹화, 녹음해서 녹음 유언을 완성했습니다. 그리고 병원 기부지원센터에 녹음 원본을 맡겼습니다.

___

녹음 유언 작성 방법

민법 1067조는 녹음 유언에 대해서 "유언자가 유언의 취지, 그 성명과 연월일을 구술하고 이에 참여한 증인이 유언의 정확함과 그 성명을 구술해야한다"고 정합니다. 녹음에 반드시 필요한 내용은 다음과 같습니다.

① 유언의 취지

누구에게 어떤 재산을 상속할지 상속을 받을 수유자와 상속받을 유증재산을 정확하게 구체적으로 말해야 합니다.

② 성명, 연월일

유언자 본인의 성명을 구술하고 유언을 한 당일의 연월일을 모두 구술합니다.

③ 증인

증인은 미성년자, 한정후견이나 성년후견을 받는 사람, 유언으로 이익을 얻는 사람, 수유자의 배우자 및 부모와 자식 같은 직계혈족은 증인이 될 수 없습니다.

④ 증인의 구술내용

증인은 유언자의 녹음 유언을 직접 듣고 '유언자 본인이 직접 녹음한 것이 확실합니다'는 취지로 유언의 정확함과 자신의 이름을 구술해야 합니다.

녹음 유언 방식 역시 법에서 정한 사항으로 이를 모두 지키지 않으면 법적인 효력을 상실하여 유언하려는 목적을 이루지 못할 수 있습니다. 중요한 것은 녹음 유언은 유언자가 사망한 후 반드시 법원의 검인을 받아야 법적 효력이 발생하게 됩니다.

녹음 유언 작성을 위한 가이드

① 휴대전화로 동영상을 녹화하면 음성 부분이 녹음에 해당하므로 휴대전화로 유언을 녹음할 수 있습니다. 유언자와 증인이 함께 있으면서 유언자는 유언을 하고 증인은 증언하는 장면을 동영상으로 녹화하면 확실하게 녹음 유언으로 사용할 수 있습니다.

② 유언하는 도중 내용이 자꾸 바뀌거나 중언부언하면 유언 내용이 명확하지 않은 것으로 판단해 유언 효력을 상실하게 됩니다. 먼저 유언할 내용을 원고로 작성하고, 그 내용을 천천히 읽는 방법으로 녹음을 합니다.

③ 녹음한 유언을 휴대전화에 보관하면 휴대전화를 교체하거나 분실했을 때 외부로 유출되거나 다른 문제가 생길 수 있으니 보관에 주의해야 합니다.

④ 녹음한 유언은 유언자의 뜻에 따라 언제든지 수정, 취소, 변

경할 수 있습니다. 만일 서로 상충되는 두 개의 녹음 유언이 존재한다면 더 나중에 작성한 유언이 법적 효력을 가지게 됩니다.

공정증서 유언 만들기

공정증서 유언 작성 방법

민법 제1068조는 공정증서에 의한 유언을 '유언자가 증인 두 명과 공증인 앞에서 유언의 취지를 말한다. 그러면 공증인이 이를 필기해 낭독하고, 유언자와 증인들이 그 정확함을 확인한 뒤 각자 서명해야 한다'고 정합니다. 공증인이란 공증에 관한 직무를 수행할 수 있도록 법무장관으로부터 임명을 받은 사람과 법무부장관으로부터 인증을 받은 법무법인입니다.

증인은 민법 및 공증인증법이 정한대로 유언 증인의 결격 사유가 없어야 하고, 유언자가 유언을 시작할 때부터 증서 작성이 끝날 때까지 참여해야 합니다. 유언자는 먼저 증인의 기본증명서를 공증사무소에 제출해서, 그 증인의 등록기준지 시, 군, 구청에 증인 결격 사유 조회 신청을 해서 결격 여부를 확인받아야 합니다.

유언자	신분증 도장(인감도장이 아니어도 됨) 가족관계증명서 주민등록초본
증인(2명)	신분증 도장 기본증명서 또는 가족관계증명서 주민등록초본
유언집행자	기본증명서 또는 가족관계증명서, 주민등록초본
수증자	주민등록초본
유증목적물 증빙서류	등기부등본, 토지대장, 건축물대장(부동산의 경우), 보험증권, 자동차 등록증, 분양계약서(분양권인 경우), 통장(예금채권 등 금융재산), 주주명부

공정증서 유언 작성 가이드

① 2명 이상의 증인과 함께 공증사무실을 방문합니다.

② 유언자가 증인과 공증인 앞에서 유언 내용을 말하거나 적어 주면 공증인이 그 내용대로 유언공정증서를 작성하고 유언자와 증인에게 낭독해서 확인합니다.

③ 유언자와 증인은 공증인이 작성한 내용이 정확함을 승인하고 서명 혹은 날인합니다. 만일 유언자나 증인의 승인이 없으면 그 유언장은 무효입니다.

④ 공증인은 증서가 위와 같은 방식으로 작성됐음을 유언장에 부기하고 서명 날인합니다.

공정증서 유언방식은 공증사무소에 가야하고, 2명 이상의 증인이 필요하며, 비용이 발생한다는 단점이 있습니다. 하지만 유언자의 사망 후 가정법원에 제출해서 검인받아야 하는 자필증서, 녹음에 의한 유언과는 달리 별도의 재판 없이 바로 유언집행이 가능합니다. 또 공증사무소에서 유언장을 보관하기 때문에 위변조의 위험이 없습니다.

여러분이 쉽게 비교해볼 수 있도록 '유언의 종류와 장단점'을 표로 정리해 보겠습니다.

✅ 자필증서 유언과 공정증서 유언의 장단점 비교

	내용	증인	장점	단점
자필증서 유언	• 유언서 직접 작성 • 연월일, 주소, 성명	필요 없음	• 작성이 용이 • 비밀이 유지됨	• 위조 및 분실 위험
녹음 유언	• 유언 취지와 성명, 연월일을 음성녹음 • 증인 확인 및 성명 녹음	1명 이상 필요	• 필기할 필요 없음	• 비밀 누설 위험 • 위, 변조 우려
공정증서 유언	• 유언 내용 구술 • 공증인 기재와 낭독 • 증인의 확인	2명 이상 필요	• 가장 안전하고 확실함	• 절차 복잡함 • 비용 부담 • 비밀 누설 위험
비밀증서 유언	• 유언서 직접 작성 후 봉인 • 증인이 확인	2명 이상 필요	• 유언 내용 비밀유지 가능	• 절차가 복잡함 • 유언의 존재는 노출됨
구수증서 유언	• 급박한 사유 발생 시 유언자의 유언 청취 • 한 증인이 필기 및 낭독, 다른 증인 확인 후 모두 서명	2명 이상 필요	• 급박한 경우에 가능함	• 실효성 의문

유언장, 안전하고 확실한 보관방법

유언장을 쓰려고 마음먹거나 쓰신 분들 중에 '유언장이 분실되거나 찾지 못하면 어떡하나' '누가 위조나 변조를 하면 어떡하나' 같은 걱정을 하시는 분들이 많습니다. 특히 법적 상속인이 아닌 제삼자나 기관에 상속을 하기 원하는 분들의 경우, 유언자가 사망 후 유언장이 발견되지 않아 법적상속인에게 유산이 상속될까 염려하시는 분들도 계십니다. 유언장 원본을 안전하게 보관하고 필요할 때 제대로 공개할 수 있는 방법은 무엇일까요?

공정증서 유언의 보관

공증사무소에서 공정증서에 의한 유언을 하면 그 공정증서 유언장 원본을 공증사무소에서 보관하는 데 유언신탁이라는 제도를 활용하게 됩니다. 신탁회사에서 유언장을 보관해 주는 제도입니다. 공정증서에 의한 유언을 하면 그 유언자나 혹은 그 유언을 받을 사람들은 공정증서에 의한 유언 정본을 받게 되는데, 그 정본을 신탁회사가 수수료를 받고 보관을 해주는 겁니다.

요즘에는 금융기관 대여금고를 많이 이용하기도 합니다. 금융기관과 유언자의 계약에 따라서 유언장 원본을 대여금고에 보관하다가 유언자가 사망한 후에 상속인이나 유언집행자가 찾아가는 시스템입니다. 그리고 법률사무소에서 유언자와 법률사무소 사이의 계약에 의해서 유언장 원본을 보관하는 서비스도 가능합니다. 다만, 이 방법은 공정증서에 의한 유언에 국한되어 있습니다.

유언장 공적 보관 제도가 필요하다

공정증서에 의한 유언이 아닌 자필증서 유언의 경우는 어떨까요? 현실적으로 우리나라는 자필증서 유언을 공정증서 유언처럼 확실하고 안전하고 보관해주는 시스템을 갖추지 못하고 있습니다. 대여금고를 이용하거나 법률사무소에 맡기는 것은 어느 정도 관계를 형성해야 가능한 일인 데다 적지 않은 비용이 발생합니다. 결국은 많은 사람이 안심하고 유언장을 맡길 수 있는 공적인 보관 제도가 점점 더 필요해지는 이유입니다.

이웃나라 일본에서는 고령화의 진전 등 사회 경제 정서의 변화에 비추어서 상속을 둘러싼 분쟁 방지를 위해서 2020년 7월 10일부터 법무국에서 자필 유언장 원본을 보관하는 유언장 보관 제도를 시작했습니다. 우리나라 등기소와 비슷한 법무국 기관에서 유언장 원본을 공적으로 보관해주는 것입니다. 덕분에 유언장의 분실이나 위조, 변조, 은닉의 위험을 줄이게 됩니다.

또 유언장 원본을 보관할 때, 법률적 형식에 맞는지 유언장의 형식적인 요건에 맞는지 확인을 하기 때문에, 형식에 맞지 않아 유언장이 무효가 되어버리는 위험성도 줄일 수 있습니다. 우리나라에서 자필증서 유언을 남기면 유언을 집행할 때 법원의 검인을 받아야 합니다. 일본의 경우, 법무국 보관 제도를 이용한 자필증서 유언장의 경우에는 법원의 검인 없이 집행할 수 있습니다.

그 외에도 유언자가 사망하면 유언자가 지정한 사람에게 여기에 유언장이 보관되어 있다는 통지를 하고, 상속인은 전국 모든 등기소에서 나에게 유언을 남긴 유언자의 유언을 확인할 수가 있습니다.

이 모든 제도를 이용하는 데 우리 돈으로 4만 원 정도만 납부하면 됩니다. 등기소에서 유언장 원본을 확실하게 보관해주고 사망한 뒤에 상속인에게 통지까지 해주니 얼마나 편리하고 믿을 만한 제도입니까?

빠른 속도로 초고령 사회에 진입하고 있는 우리나라에서도 점점 더 많은 유언이 이루어지고 그 유언이 집행될 것입니다. 유언장 보관에 관한 공적 제도에 대한 관심 또한 높아져야 한다고 생각합니다. 다만 입법이 이루어지기까지는 상당한 시간이 소요될 것입니다. 그럼에도 불구하고 그 사이에 유언장 보관에 대한 불안감은 계속 이어질 수밖에 없기 때문에 현실적으로 어떻게 접근하는 게 좋은지 생각해보지 않을 수 없습니다.

자필증서 유언, 녹음 유언의 보관 방법

사적으로 작성한 자필증서 유언장과 녹음 유언장의 보관 방법에 대해 몇 가지를 제안합니다.

첫 번째로, 가장 믿을 만하고 가장 일반적인 보관 방법은 유언을 통해서 이익을 받을 사람에게 유언장을 맡기는 것입니다. 즉 수유자에게 유언장을 맡기는 것입니다. 수유자를 유언집행자로 지정하고 아울러서 유언장을 맡기게 되면 수유자가 자신의 이해관계와 관계된 문제이기 때문에 잘 지켜줄 수 있을 거라는 믿음을 가질 수가 있습니다. 자필증서 유언장 원본이 없으면 유언에 따른 상속을 받을 수가 없기 때문에 수유자는 누구보다 확실하게 유언장을 보관하고 집행할 것으로 보입니다.

두 번째로, 유언집행자에게 보관을 맡기는 방법이 있습니다. 수유자가 미성년자거나 현실적으로 유언집행을 하기에 어려운 상황에 처해서 유언장 원본을 보관하기 어려울 수도 있지 않습니까? 그러한 경우에는 유언자가 적절한 분을 유언집행자로 지정을 해서 유언집행자에게 유언장 원본을 맡기는 것을 추천합니다. 만일 수유자가 여러 명이거나 수유자와 상속인들 사이에 이해관계에 따른 상속 분쟁 다툼이 예견될 때는, 객관적 제삼자의 지위에 있는 믿을 만한 집행자를 지정하고 그분에게 유언장을 맡겨서 집행하게 하는 것도 좋은 방법 중 하나입니다.

만일 유언장을 적절하게 맡길 수 있는 수유자 혹은 유언집행자가 없을 때, 그럼에도 불구하고 꼭 내 뜻대로 유언이 실행되기를 바라실 때는 부득이하게 공정증서에 의한 유언을 하는 것을 생각해 보시는 것이 좋습니다.

초고령 사회를 향해서 달려가는 우리 사회에서 상속분쟁 처리를 위한 사회적 비용을 줄이기 위해서는 누구나 유언을 할 수 있는 유언의 대중화가 필요합니다. 또, 마음 놓고 유언할 수 있도록 유언장을 안전하게 보관해주는 제도를 시급히 마련해야 합니다. 공적인 유언장 보관 제도가 조속히 도입될 수 있도록 힘과 지혜를 모아야 할 때입니다.

유언의 검인과 집행

유언의 검인

유언은 유언자 사망 후 효력을 발휘하며 유언장의 내용에 따라 상속재산은 수유자에게 귀속됩니다. 하지만 유산을 받은 사람 이외에는 유언이 있었는지, 그 내용이 무엇인지, 누구에게 어떤 재산이 상속되었는지 알 수가 없습니다. 그래서 상속법에서는 유언의 존재와 내용을 객관적으로 특정하기 위해 '유언장의 검인절차'를 받도록 정하고 있습니다.

검인절차란, 가정법원에 유언증서를 제출해서 유언의 방식에 관하여 검사 확인하는 절차입니다. 검인절차를 통해 유언자의 유언장이 있다는 것과 그 유언장의 내용이 어떠하다는 사실을 기재한 검인조서를 작성하여, 이후 유언장이 위조, 변조, 멸실, 은닉되지 않도록 하는 것입니다.

검인절차는 형식적으로 유언장의 존재와 내용을 확인하는 것입니다. 검인절차를 마쳤다고 유언장이 유효인지 무효인지 결정할 수 있는 것은 아닙니다. 그래서 검인절차를 마친 이후에도 상속인은 유언의 효력을 다툴 수 있습니다. 검인절차는 자필증서 유언, 녹음 유언, 비밀증서 유언을 대상으로 하고 그 외 유언은 검인절차가 필요하지 않습니다.

유언장을 보관하거나 발견한 자는 지체 없이 유언자의 최후 주소지 관할 가정법원에 신청해야 합니다. 만일 **검인청구를 해야 할**

❁ **검인절차**

대상: 자필증서 유언, 녹음 유언, 비밀증서 유언
청구권자: 유언장 보관자, 유언장 발견자
청구 시기: 유언자 사망 후 지체없이
관할 법원: 유언자 최후 주소 관할 가정법원

사람이 이를 게을리하면 상속재산을 받을 사람에 의해 손해배상책임을 부담할 수도 있습니다. 또한 상속인이 고의로 검인청구를 하지 않고 유언증서를 숨긴다면 상속인의 지위를 상실할 수 있습니다.

유언의 집행과 소멸

유언의 집행은 유언집행자가 주관하여 진행합니다. 유언장에 유언집행자를 지정해두면 그 사람이 유언을 집행합니다. 만일 유언집행자를 지정하지 않았다면 상속인이 유언집행자가 됩니다. 상속인이 여러 명일 때는 공동유언집행자가 되어 다수결로 의사결정을 하게 됩니다.

유언장 검인조서에 이의가 없을 경우에는 유언장 내용대로 집행을 합니다. 반대로 검인조서에 이의가 있을 때는 이의 상속인 동의서 또는 법원 판결에 따라 유언을 집행하게 됩니다. 유언집행자가 유언장 내용대로 상속재산 분배를 마치면 유언은 소멸하게 됩니다.

02

두 번째 결정:
내가 원하는 치료와
원하지 않는 치료

우리가 희망하는 죽음

여러분은 "나 하늘로 돌아가리라~"로 시작하는 천상
병 시인의 대표작 「귀천」을 읽어보셨나요? 경남 창원에서 어린
시절을 보냈던 천상병 시인은 어려운 시절 여비가 없어 고향 대신
인천 강화도 바닷가를 자주 찾곤 했다고 하지요. 「귀천」도 고향
친구 박재삼 시인과 강화도 건평항에서 술을 마시다 메모지에 끄
적거려 쓴 시라고 합니다.

천상병은 「귀천」에서 "나 하늘로 돌아가리라 / 아름다운 이 세상 소풍 끝나는 날 / 가서, 아름다웠더라고 말하리라…"라고 노래하며, 자신의 삶을 노을빛 아래서 놀다가 소풍 끝내듯 마무리하고 싶다고 했습니다.

소풍 온 것처럼 살다가 훌훌 떠나는 평화롭고 안정적인 마무리를 할 수 있다면 그 사람은 참 운이 좋은 사람일 것입니다. 한없이 소박한 마무리를 꿈꾸는 데 운이 좋다 나쁘다를 언급하다니 너무 심하다고 생각하실지 모르겠습니다. 하지만 우리의 현실은 그렇지 않습니다.

2020년 발표된 '노인 실태 조사'에 따르면 한국 노인들은 '가족이나 지인에게 부담을 주지 않는 죽음' '신체적, 정신적 고통 없는 죽음' '스스로 정리하는 죽음' '가족과 함께 맞이하는 죽음'을 좋은 죽음으로 생각한다고 합니다.

정리하면, 가족 및 지인에게 부담 주지 않고 신체적 정신적인 고통을 받지 않은 상태에서 스스로 주변을 정리한 후 가족들 곁에서 죽음을 맞이하고 싶다는 말입니다. 노인들의 희망은 잘 이뤄지고 있을까요?

설문에 응한 노인의 90.6%가 지금까지 살아온 집에서 임종하기를 원하지만, 현실은 74.8%가 병원에서 생을 마감합니다(2020년 기준). 신체적 정신적 고통 없는 죽음을 원하지만, 건강수명 이

후 20년 정도는 평균 두 가지 이상의 질병을 갖고 있으며 65세 이상 노인의 45% 정도가 건강이 좋지 않다고 스스로 평가합니다.

가족의 곁에서 임종하고 싶다지만 현대 사회 속에서 맞이하는 현실은 녹록치 않습니다. 스스로 정리하는 죽음 역시 우리 사회에서는 낯선 이야기입니다.

이처럼 대부분의 노인들이 '내가 살던 집에서 임종하고 싶다'고 희망하고 있지만 자신이 살던 집에서 임종을 맞이하는 경우는 16%에 불과합니다. 대부분 요양병원이나 병원에서 임종을 맞이하고 있습니다. 내 집에서 죽을 수 없는 가장 큰 이유는 사망 관련 제도가 집에서 죽기 어렵도록 되어 있기 때문입니다. 집에서 임종을 맞이하고 싶다면 다음과 같은 절차를 거쳐야만 합니다.

첫째, 사망이 가까워졌음을 판단할 수 있는 의사가 있어야 합니다. 하지만 우리나라는 의사나 간호사 방문 제도가 없습니다. 의료진의 재가 방문치료나 재가 호스피스 제도는 이제 겨우 시작한 상태인 데다 병원과 연계된 조건에서만 제한적으로 가능하기 때문입니다.

둘째, 가족들의 불안함 때문입니다. 전문 의료지식이 없는 가족은 환자 사망 시점을 판단할 수 없으니 불안해지고, 결국 119 구급대를 이용해 환자를 응급실로 옮기게 되지요.

셋째, 사망확인부터 시신안치까지 복잡한 과정을 거쳐야만 합니다. 먼저 119 구급대와 경찰(112)에 신고해서 두 기관의 확인을 받습니다. 그 후에 과학수사대가 와서 다른 범죄사실이 없는지 확인을 받고 검시의(시신 확인 의사)의 사망확인을 받아야 합니다. 검시의가 집으로 방문할 수도 있지만, 대부분은 의사들이 근무하는 대형병원이나 의원 앞에 시신 이송 차량을 대기시키면 담당 의사가 밖으로 나와 사망을 확인합니다.

이 모든 과정이 끝나야 시신을 안치실로 옮길 수 있습니다. 환자가 병원에서 사망하는 경우에는 훨씬 단순합니다. 의사가 바로 사망확인을 하고 병원 장례식장에 있는 시신 안치실로 이송할 수 있습니다. 장례절차도 병원 영안실에서 진행할 수 있으니 유족들 입장에서는 병원에서 임종을 맞는 것이 더 편안한 방법입니다.

가족들이 바라보는 가운데 임종하고 싶다는 희망이라면 가능할까요? 대다수의 노인들은 자식들과 떨어져 살고 있습니다. 또, 대부분의 자녀들은 제각기 일을 하고 있습니다. 임종이 가까워졌다고 환자 곁을 24시간 지키기는 쉽지 않습니다.

집에 머물던 환자는 상태가 점점 나빠지면 응급실을 통해서 병원에 입원하게 되는데, 중환자실에 입원이라도 하면 가족면회도 짧게만 가능합니다. 게다가 노인의 응급실이나 중환자실 입원은 한 번에 끝나지 않습니다. 상태가 나빠질 때마다 집과 병원, 요양병원과 병원을 반복해서 오가야 하는 상황이 되기 쉽습니다. 또 만성질환을 가진 노인은 진료 순서가 밀리거나 회피 대상이 되기도 합니다.

부모님이 중환자실에 오래 계신 경우에는 가족과 친지들이 위급할 때마다 달려가야 하는 경우가 매우 빈번합니다. 제가 아는 한 분은 중환자실에 계신 어머님이 위급하시다고 해서 달려간 게 스무 번이 넘었다고 합니다.

대부분의 노인은 건강수명 이후 10년 동안 2가지 이상의 질병을 겪고 있습니다. 65세 이상 노인의 45% 정도가 자신의 건강상태가 썩 좋지 않다고 평가합니다. 유신혜 서울대병원 교수와 김정선 세종충남대병원 교수가 2020년 서울대병원에서 사망한 환자 222명을 대상으로 말기 의료 현황을 분석한 보고서(「동아사이언스」, 2022. 7)를 발표했습니다. 임종 전 24시간 동안 응급실에서 중증 치료를 받은 환자가 40%에 달하는데, 이들이 받은 중증 치료는 심폐소생술이 27%, 인공호흡기 착용이 36%였습니다. 일부는 혈액투석, 체외막산소요법 치료를 받았습니다. 중증 치료를 받은 환자의 92.3%는 혈액 검사를 받았고, 승압제 투여를 받은 사람도 62.6%에 이릅니다.

이에 반해 임종 전 24시간 동안 마약성 진통제 등 편안한 증상

조절을 받은 환자는 31.5%에 불과했습니다. 어차피 병원에서 죽음을 맞이하게 된다면 신체적, 정신적 고통 없는 죽음 정도는 가능해야 하지 않을까요? 중환자실로 옮겨지면 가족들과 면회가 제한되어 이야기를 나누기도 힘들어집니다. 삶의 마지막 순간, 헤어져야 하는 가족들과 이야기 나누고 눈 마주치고 떠나는 게 아니라 마지막 24시간까지도 이렇게 치열한 사투를 벌이는 현장이 우리 병원과 임종의 현주소입니다. 좋은 죽음, 품위 있는 죽음에 대한 희망과 실제 현실 사이에는 이렇게 큰 차이가 있습니다.

미국 시사 주간지 《TIME》이 선정한 세계에서 가장 영향력 있는 100인에 선정된 하버드 의과대학 교수 아툴 가완디의 저서 중 『어떻게 죽을 것인가』라는 책의 부제는 '현대 의학이 놓치고 있는 삶의 마지막 순간'입니다. 의과대학에서는 죽음을 가르치지 않습니다. 의대 교육의 목표는 생명을 구하는 방법을 가르치는 데 있지, 꺼져가는 생명을 어떻게 돌봐야 하는지를 알려주는 데 있지 않기 때문입니다.

아툴 가완디의 열렬한 팬이라고 밝힌 뇌과학자 정재승 교수는 이 책의 추천사에서, "현대 의학의 성과와 한계를 냉정하게 평가하면서, 의학이 '생명연장의 꿈'을 실현하는 데에 그치지 않고 죽음을 인간적으로 맞이할 수 있도록 모색해 온 그는 질병을 치료하는 기술자가 아니라, 환자를 돌봐 주는 의사였다"라고 했습니다.

미국 영화를 보면 응급실에 실려간 환자에게 심폐소생술을 받을지 여부를 확인하는 장면이 자주 나옵니다. 미국 법률은 60세 이상 환자가 응급실에 올 경우, 심폐소생술을 받을지 여부를 확인해야 하도록 되어 있다고 합니다. 심폐소생술이 본인의 뜻에 반해서 빈번하게 시행되다 보니까 어떤 분은 가슴에다가 대문자로 DNR이라고 문신을 새기는 경우도 있다고 합니다.

DNR은 Do Not Resuscitate, 심폐소생술 포기를 의미합니다. '연명의료를 원하지 않으니 심폐소생술 처치를 하지 말아달라'는 뜻이겠지요. 이 DNR에 대한 논란과 요구가 커지면서 요즘은 '심폐소생술을 거부한다'는 부정적인 표현보다는 '자연사할 수 있도록 허용해주세요'라는 의미로 AND(Allow Natural Death), DNH(Do Natural Death)를 슬로건으로 사용한다고 합니다.

실제로 노인들에게는 심폐소생술의 효과가 아주 적다고 합니다. 80세 이상 노인이 심폐소생술을 받은 뒤 1년간 생존하는 비율은 0.8%에서 3.7%에 불과하다고 합니다. 치료가 어려운 상태가 되었을 때, 어떠한 죽음이 좋은 죽음일까요? 할 수 있는 모든 치료 처치를 다 받다가 중환자실에서 쓸쓸한 죽음을 맞이할지, 아니면 마음의 치료를 받으면서 가족의 품에서 죽음을 맞이해야 할지 잘 고민해야 할 때입니다. DNR에서 더 나아가 'Do Not Hospitalize, 병원 치료를 받지 않겠습니다'를 하는 것도 연명의료 결정의 한 사안으로 생각해 볼 일입니다.

현대의학이 발달하면서 삶과 죽음의 경계가 모호해졌습니다. 우리나라에서 임종을 앞둔 노인들이 응급실을 통해 중환자실로 입원하는 비율은 70%지만 싱가포르의 경우는 10% 정도에 그치고 있습니다. 병원 중환자실은 일시적인 문제로 생명이 위독해진 환자들이 의학적인 시술의 도움으로 위험한 시기를 넘기고 다시 정상적인 생활로 돌아가기 위해 만들어진 것입니다.

하지만 현대 의료에서는 이런 원칙이 빈번히 깨지곤 합니다. 누구도 '이제 그만'이라는 말을 하지 않기 때문입니다. 죽음을 말하기 싫어하는 의사, 죽음을 받아들일 수 없는 환자, 그리고 떠나보내고 싶지 않은 가족 사이의 암묵적인 합의하에 중환자실은 환자가 임종을 맞이하기 위한 장소로 빠르게 변질되어 가고 있습니다.

품위 있는 죽음을 맞이하려면 임종이 가까워지기 3개월 혹은 6개월 전에 어떻게 임종을 맞이할지, 어떤 치료와 의료적 돌봄을 받을지에 대한 환자 스스로의 인식과 결정이 필요합니다. 이를 바탕으로 가족과 소통해 본인이 내린 결정에 동의를 받는 것도 중요합니다. 의료진은 환자가 선택과 결정을 하는 과정에서 필요한 정보를 제공하고 배려적 소통을 해야 합니다.

나이 들어 병들고 죽음을 맞이하는 것이 인생이고, 자연의 법칙입니다. 중환자실에 가서 많은 사람들이 삶의 마지막을 맞이하는 것, 과연 자연스러운 일인지 묻고 싶습니다. 2020년 우리 사회는 출생자의 숫자보다 사망자의 숫자가 더 많아진 데드크로스Dead Cross 등장을 목도했습니다. 10년 뒤 사망자는 40만 명으로 늘고, 그 10년 뒤에는 53만 명으로 급증할 것입니다.

아름다운 죽음은 없다. 그러나 인간적인 죽음은 있다.

- 아툴 가완디

우울한 통계를 이야기하다 보니 아툴 가완디의 글이 마음에 와 닿습니다. 수많은 꺼져가는 생명들을 어떻게 돌봐야 할지 우리 모두가 관심을 갖고 환자에게 알려주고 도움을 줘야 할 때입니다.

● 모두를 위한 선택 '사전연명의료의향서'

사전연명의료의향서란?

옛날에는 나이 먹으면 자연스럽게 병들어 죽었습니다. 그런데 요즘은 의학이 발달해서 삶과 죽음의 경계가 모호해졌습니다. 앞서 이야기한 세브란스 김 씨 할머니 사건이 대표적입니다. 김 할머니는 재판까지 해서 환자의 자기 결정권을 보장해야 된다는 결과가 나왔지만, 많은 사람들은 여전히 연명의료를 하지 않으면 안 되는 처지에 있었습니다. 그 사건 이후 무의미한 연명의료에 대한 문제의식이 높아졌습니다. 저를 비롯해서 여야 의원들이 19대 국회에서 〈웰다잉 문화 조성을 위한 국회의원 모임〉을 결성해서, 시민사회 및 전문가 단체들과 함께 연명의료에 대한 자기 결정권을 보장하는 법 제정 운동을 꾸준하게 전개해 왔습니다.

그 결과 2016년도 초 「연명의료결정법」(호스피스 완화의료 및 임종과정에 있는 환자의 연명의료 결정에 관한 법률)이 제정되었습니다. 이 법률이 제정되고 8년이 지난 지금, 250만 명이 넘는 시민들이 무의미한 연명의료를 받지 않겠다는 '사전연명의료의향서'를 등록했습니다.

'사전연명의료의향서'란 마지막에 내가 의사표현을 할 수 없을 때를 대비해서 어떻게 하라고 미리 결정하고 주변 사람들에게 알려주는 것입니다. 본인이 어떤 연명의료는 받지 않겠다거나, 치료할 수 없는 상태가 되면 치료를 중단하고 호스피스를 이용하겠다거나 하는 의사를 스스로 작성하는 문서입니다.

❀ 사전연명의료의향서

연명의료 중단 등의 결정이나 호스피스 이용에 관한 본인의 의사를 서면으로 미리 밝힌 공적 문서

아내와 함께 〈스틸 앨리스Still Alice〉라는 영화를 보았습니다. 앨리스 역을 맡은 줄리안 무어에게 아카데미 여우주연상을 안겨준 바로 그 영화입니다. 세 아이의 엄마로, 존경받는 언어학 교수로 행복한 삶을 살던 앨리스는 강의 도중 갑자기 단어가 떠오르지 않는 증상이 나타나고 조발성 알츠하이머에 걸렸다는 사실을 알게 됩니다. 흔히 말하는 치매에 걸린 이후에 벌어지는 일을 그린 영화입니다.

치매는 누구에게나 갑자기 닥쳐올 수 있습니다. 나이가 들수록 치매에 걸릴 확률이 더 높아집니다. 중앙치매센터 조사에 의하면 60대 중반부터 치매에 대한 관심이 부쩍 늘고, 70세가 넘으면 보다 진지하게 치매에 대해서 고민을 하게 된다고 합니다.

저도 70대에 접어드니 치매에 대한 관심이 많아졌습니다. 미국 알츠하이머협회는 초기 치매 진단을 받을 때 가장 먼저 사전연명의료의향서를 작성한 다음 유언장을 작성하라고 권고합니다. 만일 치매인가 의심이 되면 치매 진단을 받으러 가는 일도 중요하

지만, 사전연명의료의향서를 등록하는 일도 필요합니다.

사전연명의료의향서를 등록해 놓지 않으면 어떤 일이 일어날까요?

내가 쓰러져 병원에 실려갔을 때 병원은 할 수 있는 모든 치료를 다 하게 됩니다. 인공호흡기 끼우고, 심폐소생하고, 투석을 하는 등 환자를 위한 모든 조치를 다 하게 됩니다. 다시 건강해져서 일어나는 것이 아니라 임종을 맞이할 수밖에 없는 경우라도 원하지 않는 힘든 치료를 받으며 내 마지막 시간을 보낼 수밖에 없습니다. 중환자실이나 병실에서 호스를 주렁주렁 매달고 모든 치료 다 받다가 쓸쓸한 죽음을 맞이하게 되는 것입니다. 소중한 가족, 지인과 함께 보내는 시간, 내가 하고 싶은 일들을 정리하면서 보낼 수 있는 기회도 모두 사라지게 됩니다. 그렇게 되지 않기 위해, 내 인생의 마지막 시간을 온전히 내가 원하는 방식으로 보내기 위한 선택과 결정이 바로 연명의료에 대한 결정입니다.

세상일은 무엇이든 미리 준비하는 것이 좋습니다. 연명의료에 대한 결정도 마찬가지입니다. 대한민국에 사는 19세 이상 성인이라면 누구나 사전연명의료의향서를 쓸 수 있습니다. 사실 젊은 사람들은 '죽음'을 추상적인 느낌으로만 받아들이기 쉽습니다. 주변에서 죽음을 보거나 느낄 경우가 별로 없는 데다 눈앞에 닥친 현실을 헤쳐 나가기만도 바쁜 시기 아닙니까. 어느 날 문득 '아, 인생이 많이 남아 있지 않구나'라고 생각하게 되는 장·노년층쯤 되어야 죽음에 대해 진지하게 생각하는 것 같습니다.

그 나이가 되지 않아도 부모님이나 친척이 무의미한 연명의료를 받느라 고생하는 것을 지켜보면서 '나는 정말 연명의료 안 받고 싶다'고 생각하는 분들은 적극적으로 사전연명의료의향서를 등록하십니다.

40대 전 모 씨는 얼마 전 고모의 장례를 치르며 결심한 것이 있습니다.

전 모 씨의 고모는 오랜 기간 동안 중환자실과 입원실을 오가며 투병 생활을 했습니다. 오랜 기간 항암치료를 받았지만 상태는 전혀 나아지지 않았고 마지막에는 의식이 없는 상태로 인공호흡기를 착용한 채 연명의료를 받다가 세상을 떠났습니다.

이 과정을 옆에서 지켜본 전 모 씨는 고모와 같은 전철을 밟지 않기로 마음먹고 등록기관을 찾았습니다. 치료 효과가 없는데도 임종과정 기간만을 연장하는 연명의료를 받지 않겠다는 뜻을 알리는 사전연명의료의향서를 작성하기 위해서입니다.

전 모 씨는 치료 효과가 없을 시, 심폐소생술, 인공호흡기 착용, 혈액투석, 항암제 투여 같은 연명의료를 받지 않겠다는 사전연명의료의향서를 작성하고 등록을 하자 한결 마음이 편안해졌습니다.

맑은 정신으로 건강할 때 내 뜻을 온전히 살려서 연명의료에
관한 뜻을 결정해 놓는 것이 훨씬 바람직한 일입니다. 언제 내가
쓰러질지는 아무도 모르는 일이니까요. 사전연명의료의향서를 쓸
가장 좋은 시기는 이 책을 읽고 있는 바로 지금입니다.

사전연명의료의향서 등록 가이드

사전연명의료의향서 등록은 나의 생명에 대한 결정이므로 매
우 신중해야 합니다. 그래서 국가로부터 인정받은 등록기관과 상
담사와의 상담을 통해서 해야 합니다. 쉽게 우리가 찾아갈 수 있
는 곳이 동네 보건소입니다. 시, 군, 구마다 있는 건강보험공단 지

사에서도 가능합니다. 대학병원 그리고 무의미한 연명의료에 대한 자기 결정권을 보장받기 위해서 노력해 온 웰다잉 단체들도 등록기관 역할을 해주고 있습니다. 최근에는 노인복지관도 등록기관으로 허용되도록 법이 개정됐습니다.

※ 「연명의료결정법」의 요건을 충족하는 사람은 사전연명의료의향서와 연명의료계획서를 통해서 연명의료에 관한 본인의 의사를 남겨놓을 수 있습니다.

사전연명의료의향서는 19세 이상이면 건강한 사람도 작성할 수 있습니다. 다만 보건복지부가 지정한 사전연명의료의향서 등록기관을 찾아가서 충분한 설명을 듣고 작성해야 법적으로 유효합니다.

연명의료계획서는 의료기관윤리위원회가 설치되어 있는 의료기관에서 담당의사 및 전문의 1인에 의해 말기 환자나 임종과정에 있는 환자로 진단 또는 판단을 받은 환자에 대해 담당의사가 작성하는 서식을 말합니다.

	사전연명의료의향서	연명의료계획서
대상	19세 이상의 성인	말기 환자 또는 임종과정에 있는 환자
작성	본인이 직접	환자의 요청에 의해 담당의사가 작성
설명의무	상담사	담당의사
등록	보건복지부 지정 사전연명의료의향서 등록기관	의료기관윤리위원회를 등록한 의료기관

출처: 국립연명의료관리기관 홈페이지

만일 사전연명의료의향서나 연명의료계획서를 작성한 후에도 본인은 언제든지 그 의사를 변경하거나 철회할 수 있습니다.

◉ 김 씨는 왜 세 번이나 등록기관을 방문했을까?

50대 후반의 김 씨는 동창회를 나갔다가 친구가 '사전연명의료의향서'라는 것을 작성했다는 이야기를 들었습니다.

그 얘기를 듣자 오랫동안 암으로 투병하다 돌아가신 아버지가 떠올랐습니다. 돌아가시기 전까지 중환자실에서 연명의료를 받으시던 아버지가 세상을 떠났을 때 좀 더 편안하게 보내드리지 못하고 고생만 하다 보내드린 것 같아서 늘 마음이 아프고 후회가 되었기 때문입니다.

김 씨는 아직 젊고 건강했지만 자신의 죽음을 사전에 준비하지 않으면 나중에 자식들도 자신과 똑같이 마음고생을 할 것 같았습니다.

집에 돌아온 김 씨는 남편에게 사전연명의료의향서를 작성할 테니 나의 마지막이 다가오면 사전연명의료의향서에 적힌 대로 처치해달라고 말했습니다. 남편은 좋은 생각이라면서 직장 때문에 시간을 내기 어려우니 김 씨가 사전연명의료의향서를 쓸 때 자신의 것도 대신 써달라고 부탁했습니다.

며칠 후 친구가 알려준 대로 사전연명의료의향서 등록기관을 방문한 김 씨는 본인 것과 남편 것을 모두 등록하겠다고 말했습니다.

그런데 상담사는 사전연명의료의향서는 법정 서식이라서 반드시 본인이 등록기관에 가서 직접 써야한다고 말했습니다. 자신의 것만 작성하면 남편이 서운할까 싶어 김 씨는 다시 방문 일정을 예약하고 집으로 돌아왔습니다.

며칠 뒤 남편과 함께 다시 등록센터를 방문하자 상담사가 친절하게 맞아주면서 본인 확인을 위해 신분증을 제시해달라고 했습니다. 남편과 함께 방문하는 일정이라 지갑을 두고 온 김씨는 신분증이 없었고, 남편이 보증할 테니 그냥 작성하면 안 되겠냐고 물었습니다. 상담사는 난감한 얼굴로 "사전연명의료의향서는 반드시 신분증으로 본인 확인을 한 후에 작성할 수 있습니다"라고 말했습니다.

어쩔 수 없이 남편만 의향서를 작성하게 되었고 김 씨는 세 번째 예약을 잡은 뒤 방문하고 나서야 사전연명의료의향서를 작성할 수 있었습니다.

사전연명의료의향서를 쓰려면 신분증이 필요하구나!

본인이 등록기관에 가서 직접 써야하는 것도 몰랐네!

위의 사례에서처럼 사전연명의료의향서를 등록하려면 등록기관에 직접 찾아가셔야 됩니다. 당연히 신분 확인을 위해서 주민등록증이 필요합니다. 운전면허증도 괜찮습니다. 등록기관에 가서 국가로부터 인정받은 전문 상담사에게 충분히 설명을 듣고 상담을 한 후, 연명의료에 대한 개별적 항목으로 심폐소생술을 할지, 인공호흡기를 낄지, 항암치료나 투석을 할지, 혈압 상승제를 처방할지 등에 대해 하나하나 설명을 듣고 내가 결정을 해야 합니다.

등록을 하고 나면 나중에 사전연명의료의향서 등록증을 별도로 지급받게 됩니다. 만일 사전연명의료의향서를 이미 작성한 경우라도 본인은 언제든지 그 의사를 변경하거나 철회할 수 있습니다. 의사변경이나 철회를 원할 경우 처음 작성한 기관을 방문하지 않아도, 보건복지부가 지정한 등록기관이라면 어디든지 가능합니다.

❀ 사전연명의료의향서 등록과정
❶ 신분증 (주민등록증, 운전면허증)을 지참한다
❷ 법에서 인정한 등록기관을 찾아간다
❸ 전문 상담사의 설명을 충분히 듣는다
❹ 연명의료에 대한 개별적 항목을 결정한다
❺ 등록을 마치고 사전연명의료의향서 등록증을 받는다

연명의료계획서를 작성하고자 하는 말기 환자나 임종과정에 있는 환자는 담당의사에게 본인의 연명의료계획서를 요청할 수 있습니다. 또한 환자의 가족은 기록열람신청서를 작성하고 신분증 사본 및 가족관계증명서를 첨부하여 의료기관의 장 또는 국립연명의료관리기관의 장에게 환자의 연명의료계획서 열람을 요청할 수 있습니다.

만약 말기 환자가 작성해 둔 연명의료계획서가 있으면, 작성자가 임종과정에 있는 환자가 되는 경우 담당의사는 연명의료정보처리시스템에서 해당 내용을 조회하여 연명의료를 유보하거나 중단할 수 있습니다. 또한 임종과정에 있는 환자가 연명의료계획서를 작성할 경우, 담당의사는 연명의료계획서를 작성한 후 즉시 연명의료를 유보하거나 중단할 수 있습니다.

소통이 중요한 이유

사전연명의료의향서를 작성해 놓으면 '이제 다 됐다. 내 뜻대로 죽음을 선택할 수 있겠구나'라고 생각하게 되지만 현실에서는 예상하지 못했던 상황이 흔하게 발생하게 됩니다.

본인이 연명의료를 받지 않겠다는 뜻을 밝혔어도 병원에서는 환자를 살리기 위해 할 수 있는 치료를 다 하려고 합니다. 가족들도 '우리 아버지, 어머니 이대로는 못 보냅니다. 뭐든지 다 해주세요. 제발 살려만 주세요' 하며 매달리기도 합니다.

만일 연명의료를 받지 않겠다는 의사를 밝혔던 분이라도 실제로 쓰러져서 병원에 갔을 때 자식들이 강력하게 연명의료 받기를 주장하면 본인의 뜻이 이루어지지 못할 수가 있습니다. 그래서 평소에 가족들에게 내 뜻을 충분히 이해시키고 존중할 수 있도록 당부해 놓는 것이 중요합니다.

자녀들의 입장에서는 부모님께 유언장이나 사전연명의료의향서를 쓰도록 권유하는 것이 좀 죄송하게 여겨지거나 자식된 도리가 아니라고 생각하는 경향이 있습니다. '이런 얘기를 꺼내면 부모님이 서운하지 않으실까' 하고 염려할 필요 없습니다. 제가 기회가 될 때마다 노인들께 사전연명의료의향서에 대해 물어보면 대부분 개방적이고 긍정적인 입장을 가지고 계시니까요. 지레짐작으로 걱정부터 하지 말고 마음을 터놓고 이야기를 나눠 보시길 권합니다.

✦ 원혜영의 사전연명의료의향서

■ 호스피스 · 완화의료 및 임종과정에 있는 환자의 연명의료결정에 관한 법률 시행규칙 [별지 제6호서식] <개정 2023. 7. 31.>

사전연명의료의향서

※ 색상이 어두운 부분은 작성하지 않으며, [ ]에는 해당되는 곳에 √표를 합니다.　　　　(앞쪽)

등록번호		※ 등록번호는 등록기관에서 부여합니다.	
작성자	성 명 원혜영		주민등록번호 000000-0000000
	주 소 경기도 부천시		
	전화번호 010-0000-0000		
호스피스 이용	[√] 이용 의향이 있음　　　　[ ] 이용 의향이 없음		
사전연명 의료의향서 등록기관의 설명사항 확인	설명 사항	1. 연명의료의 시행방법 및 연명의료중단등결정에 대한 사항 2. 호스피스의 선택 및 이용에 관한 사항 3. 사전연명의료의향서의 효력 및 효력 상실에 관한 사항 4. 사전연명의료의향서의 작성 · 등록 · 보관 및 통보에 관한 사항 5. 사전연명의료의향서의 변경 · 철회 및 그에 따른 조치에 관한 사항 6. 등록기관의 폐업 · 휴업 및 지정 취소에 따른 기록의 이관에 관한 사항	
	확인	[√] 위의 사항을 설명 받고 이해했음을 확인합니다.	
환자 사망 전 열람허용 여부	[√] 열람 가능　　　[ ] 열람 거부　　　[ ] 그 밖의 의견		
사전연명 의료의향서 등록기관 및 상담자	기관 명칭 (사) 웰다잉문화운동		소재지 서울시 중구 서소문로 116 유원빌딩 1309호
	상담자 성명 최지혜		전화번호 02-777-0204

본인은「호스피스 · 완화의료 및 임종과정에 있는 환자의 연명의료결정에 관한 법률」제12조 및 같은 법 시행규칙 제8조에 따라 위와 같은 내용을 직접 작성했으며, 임종과정에 있다는 의학적 판단을 받은 경우 연명의료를 시행하지 않거나 중단하는 것에 동의합니다.

작성일	2024년	11월	1일	
작성자	원혜영	원혜영 (서명 또는 인)		
등록일	2024년	11월	1일	
등록자	최지혜	최지혜 (서명 또는 인)		

☞ 뒤쪽에 유의사항이 있습니다.

210mm×297mm[백상지(80g/㎡) 또는 중질지(80g/㎡)]

❀ 연명의료계획서

■ 호스피스 · 완화의료 및 임종과정에 있는 환자의 연명의료결정에 관한 법률 시행규칙 [별지 제1호서식] <개정 2023. 7. 31.>

연명의료계획서

※ 색상이 어두운 부분은 작성하지 않으며, [ ]에는 해당되는 곳에 √표를 합니다.　　　(앞쪽)

등록번호	※ 등록번호는 의료기관에서 부여합니다.	
환자	성명	주민등록번호
	주소	
	전화번호	
	환자 상태 　　[ ] 말기환자　　[ ] 임종과정에 있는 환자	
담당의사	성명	면허번호
	소속 의료기관	
호스피스 이용	[ ] 이용 의향이 있음	[ ] 이용 의향이 없음
담당의사 설명사항 확인	설명 사항	1. 환자의 질병 상태와 치료방법에 관한 사항 2. 연명의료의 시행방법 및 연명의료중단등결정에 관한 사항 3. 호스피스의 선택 및 이용에 관한 사항 4. 연명의료계획서의 작성 · 등록 · 보관 및 통보에 관한 사항 5. 연명의료계획서의 변경 · 철회 및 그에 따른 조치에 관한 사항 6. 의료기관윤리위원회의 이용에 관한 사항
	확인 방법	위의 사항을 설명 받고 이해했음을 확인하며, 임종과정에 있다는 의학적 판단을 받은 경우 연명의료를 시행하지 않거나 중단하는 것에 동의합니다. [ ] 서명 또는 기명날인　년　월　일 성명　(서명 또는 인) [ ] 녹화 [ ] 녹취 ※ 법정대리인　　　　　　　년　월　일 성명　(서명 또는 인) (환자가 미성년자인 경우에만 해당합니다)
환자 사망 전 열람허용 여부	[ ] 열람 가능　　　[ ] 열람 거부　　　[ ] 그 밖의 의견	

「호스피스 · 완화의료 및 임종과정에 있는 환자의 연명의료결정에 관한 법률」 제10조 및 같은 법 시행규칙 제3조에 따라 위와 같이 연명의료계획서를 작성합니다.

년　월　일

담당의사　　　　　　　　　　　(서명 또는 인)

☞ **뒤쪽에 유의사항이 있습니다.**

210mm×297mm[백상지(80g/㎡) 또는 중질지(80g/㎡)]

연명의료의 유보 및 중단

사전연명의료의향서나 연명의료계획서를 등록해 연명의료를 받지 않겠다는 의사를 밝힌 경우에도, 실제로 연명의료를 받지 않으려면 다음과 같은 절차를 밟아야 합니다.

첫째, 임종과정에 있는 환자에 대한 판단입니다. 먼저 의료기관윤리위원회가 설치된 의료기관에서 주치의와 전문의 1인에 의해 환자의 회생 가능성이 없으며, 치료를 해도 회복되지 않고 증상이 급속히 악화되어 사망이 임박한 상태임을 판단받아야 합니다. 단, 호스피스 전문기관에서 호스피스를 이용하고 있는 말기환자의 경우, 임종과정에 있는지 여부는 주치의 1인의 판단으로 갈음할 수 있습니다.

둘째, 환자나 환자가족의 결정을 확인해야 합니다. 환자나 환자 가족이 환자에 대한 연명의료를 원하지 않는다는 의사를 표시하면 전문의의 확인이 필요합니다. 환자가 의사표현을 할 수 있는 상태일 경우에는 담당의사의 확인이, 의사표현을 할 수 없는 상태의 환자인 경우는 담당의사 및 전문의 1인의 확인이 필요합니다.

셋째, 해당 환자에 대한 시술이 더 이상 치료효과가 없다는 의학적 판단과 환자가 더 이상 치료를 원하지 않는다는 요건이 모두 갖춰지면 연명의료를 시행하지 않을 수 있습니다.

최근 한 해 동안 돌아가시는 분들이 30만 명을 넘어섰습니다. 사망 전 1년간 한 사람에게 필요한 치료비는 2천만 원이 넘습니다. 요양병원을 포함해서 병상에 누워 있는 노인이 70만 명이 넘어 이분들에게 들어가는 건강보험공단의 장기요양보험 총급여는 10조 원이 훨씬 넘습니다. 만일 이 중 10만 명이 연명의료를 받지 않겠다고 하면 연간 의료비 2조 원 가까이가 절감되는 셈입니다.

미국 영화나 드라마를 보면 응급실에 실려온 환자에게 연명의료를 받지 않겠다고 등록해 두었는지 확인하는 장면이 흔히 등장합니다. 그만큼 미국에서는 무의미한 연명의료에 대한 입장 결정을 당연하게 여기고 있습니다. 최근 조사에 의하면 노인의 65%가 무의미한 연명의료를 받지 않겠다는 등록을 했다고 합니다.

반면 우리나라는 어떨까요? 연명의료 결정에 관한 법률이 제정된 후 8년 동안 250만 명 남짓이 사전연명의료의향서를 등록했습니다. 미국과의 차이가 너무 크게 느껴지지요? 우리도 하루속히 연명의료에 대한 자기 결정을 많은 시민들이 할 수 있는 문화가 조성돼야 할 것 같습니다.

더 나은 선택을 위한 제안

연명의료결정에 관한 제도는 대체로 성공적으로 진행되고 있지만, 시행과정에서 드러난 여러 가지 문제점이 있습니다. 그동안 꾸준히 제기된 문제점과 개선 방법에 대해 생각해봐야 할 때입니다.

① 연명의료계획서 작성 시기를 앞당기자

첫째, 연명의료계획서의 작성 시기를 말기와 임종과정의 환자로 제한하는 것이 아니라 좀 더 일찍 작성할 것을 제안합니다. 지금처럼 말기와 임종과정의 환자를 대상으로 연명의료계획서를 작성할 경우, 환자가 의사결정이 어려운 상태가 되는 등 너무 늦게 이루어져 실제 환자의 자기 결정권을 존중하는 의료 결정을 내리기가 어려울 수 있기 때문입니다. 임종이 임박해서 결정을 내리는 것보다 건강하거나 경증의 질환이 있는 상태에서 연명의료계획서를 작성하는 것이 바람직하다고 생각됩니다.

② 사전돌봄계획을 시행하자

'사전돌봄계획'은 환자가 마지막 시기에 더 이상 본인의 의사를 밝힐 수 없는 상황을 대비한 것입니다. 이러한 상황이 벌어지기 전에 일상적으로 환자와 가족 의료진이 참여하여, 환자의 추후 건강상태와 치료 및 연명의료에 관하여 의사소통을 하는 과정입니다. 미국, 유럽뿐 아니라 대만, 일본, 싱가포르 등 아시아권 국가에서도 '사전돌봄계획'에 대한 가이드라인을 가지고 있습니다. 우리도 생애 전 주기에 걸쳐 지속적으로 진행하는 '사전돌봄계획'을 시행할 필요가 있습니다.

③ 연명의료 범위를 확대하자

인간적인 죽음을 위해서 환자가 선택할 수 있는 연명의료의 범위를 확대해야 합니다. 즉, 중단할 수 있는 연명의료에 인공영양 공급 및 수분 공급을 포함하자는 것입니다. 연명의료는 고도의 전문 지식과 특수 장치가 필요한 특수 연명의료와 인공영양 및 수분 공급, 진통제 투여 등의 일반 연명의료로 나뉩니다.

현재 연명의료결정법은 일반 연명의료가 포함되지 않고 특수 연명의료만으로 제한하고 있습니다. 인공호흡 중단은 허용되는데 인공영양 공급 중단은 안 된다는 겁니다. 참 이상한 일이죠. 실제로 요양병원에서 가족들이 우리 부모님은 무의미한 연명의료를 안 받겠다고 등록했는데 왜 인공영양을 계속 공급하느냐고 항의하는 사태가 많이 벌어진다고 합니다.

환자를 굶어 죽게 할 수는 없지 않느냐고 생각하는 분들이 계시겠지만 그것은 건강한 사람들의 경우입니다. 오히려 죽음이 얼마 남지 않은 환자에게는 인공영양을 공급하면 고통스러운 데다 평온한 죽음을 방해하는 행위에 불과하다는 사람들이 많습니다. 인공호흡을 하는 것은 중단할 수 있고 인공영양 공급 중단은 안 된다니 어처구니없지 않습니까. 이 모순되는 방침이 속히 해결돼야 연명의료에 대한 자기 결정권도 의미를 가질 것 같습니다.

참고로 미국이나 다수의 유럽 국가 및 대만 등에서는 인공영양 및 수분 공급을 중단 가능한 연명의료에 포함시키고 있습니다.

④ 지정대리인제도 도입이 필요하다

생애 말기 환자의 존엄성을 가장 잘 지켜주는 것은 환자의 자기 결정권을 존중하는 것입니다. 환자가 연명의료에 대한 의사를 남긴 적이 없고 의식도 없어서 자기 결정권을 행사할 수 없다면 무엇보다 환자의 이익을 최우선으로 고려해야 합니다. 가족들도 치료비 부담이나 상속 등으로 이해 당사자가 되는 경우가 많이 있습니다. 환자 스스로 판단했더라도 본인보다 가족에게 부담을 주지 않기 위한 선택을 하는 경우도 있습니다.

또, 1인 가구, 독거노인, 외국인, 배우자가 치매인 환자, 무연고자 등의 경우, 본인 의사를 확인할 수 없으면 이 제도를 이용할 수 없습니다. 미성년자의 경우, 부모가 철학적, 경제적 이유로 연명 중단을 할 우려도 있어서 제삼자가 객관적 시선으로 아이들을 위한 결정이 맞는지 확인해볼 필요가 있습니다.

이런 경우를 대비해 다수의 국가에서는 특정인을 대리인으로 지정하는 '지정대리인제도'나 의료기관 윤리위원회 등이 대리결정을 하는 방법을 취하고 있습니다. 우리도 환자의 자기 결정권을 최우선으로 하기 위해 제도의 보완이 필요합니다.

⑤ 등록절차의 간소화가 필요하다

연명의료 결정은 대부분 긴급한 상황에서 이루어집니다. 여러 가지 복잡한 절차를 검토하고, 가족관계를 확인하고, 임종과정에 있는 환자 판단서 및 연명의료 중단 등 결정이행서를 작성하고 전산에 등록하는 절차는 바쁘게 돌아가는 의료 현장에서 적지 않은 부담이 됩니다. 이러한 복잡한 절차를 간소화해야 합니다.

의료기관 사망자 중 요양병원 사망자가 32.9%에 달하지만, 요양병원의 의료기관 윤리위원회 설치율은 5%로 터무니없이 부족합니다. 정부가 공공윤리위원회를 운영하며 어려움을 해소하려고 노력 중이지만, 현실적으로 결정의 기준을 완화할 필요도 있습니다. 환자의 임종기를 판단할 때, 담당의사와 해당 분야 전문의 2명의 판단이라는 기준을 호스피스 병원의 경우처럼 1인의 판단으로 하는 방법도 제시되고 있습니다.

노인치료, 새로운 패러다임이 필요하다

현대의학의 문제점은 죽음과 노화를 완전히 별개인 것처럼 취급하는 점입니다. 요즘에는 대부분 노년기에 사망합니다. 그런데 의료기관은 노화와 고령은 그들의 관할이 아닌 것처럼 외면하고 있습니다. 요즘은 노인이 될 때까지 사는 것뿐만이 아니라 노인으로 사는 기간이 수십 년에 이르고 있습니다. 평온하게 생활하면서 나와 남에게 보탬이 되는 노년의 삶이 어느 때보다 중요해졌습니다.

또, 노인의 병을 퇴치하는 것 자체가 목적이 아니라 병의 치료는 수단이고 노인의 건강 상태를 유지하는 것이 목표가 돼야 합니다. 새로운 패러다임이 필요합니다. 그러기 위해서는 환자에게 좋은 일이 무엇인가가 우선이 되어야 합니다. 무조건 병을 고치는 게 당연하다는 의사에게 당사자의 편안함을 우선으로 하라고 설득하기는 참 어렵습니다. 대부분의 의사들은 환자의 종합적인 상황을 보는 게 아니라 당장 급한 병의 치료에 집중하기 때문입니다. 다시 한 번 환자에게 좋은 일, 노인에게 좋은 일이 무엇인가가 노인의학의 관점이 돼야 합니다.

우리의 궁극적인 목표는 '좋은 죽음'이 아니라
마지막 순간까지 '좋은 삶'을 사는 것이다.

― 아툴 가완디

◉ 알쓸신잡 연명의료결정 편

Q 사전연명의료의향서를 미리 작성해 놓지 못했는데 임종과정에 이르면 어떻게 하나요?

A 사전연명의료의향서를 작성하지 못한 환자가 말기나 임종과정에 이르면 의사와 함께 연명의료계획서를 작성해서 연명의료 여부를 결정할 수 있습니다. 담당의사로부터 본인의 의학적 상태 및 연명의료 등에 관한 충분한 설명을 듣고 환자 본인이 요청하면 담당의사가 연명의료계획서를 작성하게 됩니다.

Q 연명의료계획서를 작성할 수 있는 대상은 어떻게 구분하나요?

A 환자가 연명의료계획서를 작성할 수 있는 대상이 되는지 담당 의사에게 먼저 물어보셔야 합니다. 담당 의사 또는 그 병원에 설치된 의료기관윤리위원회에 상담을 요청하실 수 있습니다.

Q 미성년자도 연명의료계획서를 작성할 수 있나요?

A 해당 환자가 미성년자인 경우에는 환자와 법정 대리인이 함께 설명을 듣고 확인한 후 작성할 수 있습니다.

Q 연명의료계획서는 어떻게 활용하나요?

A 해당 계획서를 작성한 환자가 임종과정에 진입한 경우에 담당 의사는 연명의료계획서에 따라 해당 시술을 유보하거나 환자가 이미 제공받고 있는 시술을 중단할 수 있습니다.

Q 본인의 뜻을 표현할 수 없거나 의사 능력이 없는 환자의 경우에는 어떻게 하나요?

A 환자 가족 2인 이상의 일치하는 진술이 있는 경우 환자의 연명의료 결정으로 인정하고 그렇게 시행할 수 있습니다. 환자의 의사를 진술할 수 있는 환자 가족은 19세 이상으로 배우자, 직계 비속 및 존속을 말합니다. 다만 이에 해당하는 가족이 없다면 형제나 자매가 대신할 수 있습니다.

Q 진술을 통한 환자의 의사도 확인할 수가 없다면 어떡하나요?

A 진술을 통해 환자의 의사를 확인할 수 없는 경우에는 가족 전원의 합의에 의해 환자를 위한 연명의료 결정을 할 수 있습니다. 이때 환자 가족이 행방불명된 경우나 의식 불명 등의 상태로 의사를 표현할 수 없는 경우에는 가족의 범위에서 제외됩니다. 또 해당 환자가 미성년자라면 환자 친권자의 의사결정이 있어야 합니다.

Q 환자가 의식이 있지만 가족이 대신 연명의료에 관한 의사결정을 할 수 있나요?

A 환자가 의식이 있다면 환자에게 알리지 않고 가족이 대신 연명의료에 관한 의사결정을 해서는 안 됩니다. 환자가 자신의 상태를 파악하고 임종과정이 예측되는 시점에 환자 스스로 연명의료 결정을 할 수 있도록 기회를 제공하는 것이 가장 바람직한 방법입니다.

Q 존엄사나 안락사와 무엇이 다른가요?

A 연명의료 결정은 환자가 회복 불가한 사망의 단계에 이르렀다는 의학적 판단을 전제로 하는 것입니다. 환자 본인의 결정이라고 해서 반드시 존중되어야 한다는 것은 아니라는 점에서 존엄사와 다릅니다. 또한 환자의 고통을 덜어주기 위해 생명의 인위적 종결까지도 포함하는 모든 행위를 의미하는 안락사와 구별됩니다.

03

세 번째 결정:
나의 마지막에 바라는
돌봄 방식

● 안락사와 존엄사

죽음을 맞이하는 자세

1988년 서울 올림픽 개막식의 기획을 맡아 굴렁쇠 소년의 감동을 선물한 이 시대의 대표 지식인 이어령 선생은 대한민국의 문학평론가, 언론인, 저술가, 교육자, 문화행정가 역할을 통해 르네상스인의 표본이라는 평가와 존경을 받았습니다. 그 넓은 운동장에서 한 소년이 굴렁쇠를 굴리며 움직이던 장면 못지않게 큰 울림을 준 것은, 세상을 떠나는 날까지 삶의 주도권과 자기 결정권을 놓지 않은 선생의 모습입니다.

암 진단으로 두 번의 수술을 받았지만 더 이상 차도가 없게 되자 선생은 두 가지 길을 마주하게 되었습니다. 하나는 의료 장치를 달고 병상에 누워서 지내는 것이고, 다른 하나는 통증을 완화하는 기본적인 치료를 받으면서 하고 싶었던 일이나 해야 하는 일들을 마무리하는 것입니다.

선생은 항암치료를 거부했고 집으로 돌아왔습니다. 약을 일체 먹지 않고 아무런 의료 장치도 사용하지 않은 채 링겔을 통해 최소한의 영양만 섭취한 상태로 서재와 거실에 누워 내방객을 맞았다고 합니다. "좀비 영화가 유행하니, 이젠 내가 좀비야. 숨만 붙어 있잖아"라며 웃으면서도 하고 싶은 말을 하고 해야 할 일을 명료하게 지휘했습니다.

또, 쓸 수 없을 때 쓴다던 세 줄 일기 '눈물 한 방울'을 비롯해 제자와 인터뷰를 하며 『이어령의 마지막 수업』을 완성했습니다. 임종 며칠 전에는 집으로 찾아온 가수 장사익의 노래를 들으며 머리맡 콘서트를 즐겼고, 세상을 향해 '너무 아름다웠어요. 정말 고마웠어요'라는 인사를 남겼습니다. '죽음은 어둠이 아니라 빛이라서, 밤이 아니라 눈부시게 환한 대낮'이라던 선생의 말처럼 2022년 2월 26일 환한 대낮에 가족들에게 둘러싸인 채 죽음과 따뜻하게 포옹하며 삶의 마지막 시간을 완벽하게 연출했습니다.

『이어령의 마지막 수업』을 공동 집필한 김지수 작가는 "선생의 마지막을 떠올리며 임종을 앞둔 89세 노인이 얼마나 많은 사람을 다 챙겨서 만나고 그들을 축복했는지, SNS에 올라온 간증을 보고 나는 인중에 땀이 고였다. 사지 팔팔하게 움직이는 나조차도 감당 못할 스케줄이었다."(김지수, "너무 아름다웠어요. 고마웠어요" 이어령의 마지막 말들 중, 조선비즈, 2022.2.28.)라고 했습니다.

이어령 선생은 자기 삶의 마무리에 대해서 진지하게 고민하고 결정함으로써 자신의 삶을 품위 있게 마무리할 수 있었습니다. 마지막 삶의 짧지만 소중한 기간을 투병으로 보내는 대신 가족과 친지에게 그리고 우리 시민들에게 전하고 싶은 뜻과 메시지를 전달한 것입니다.

뿐만 아니라 초고령 사회를 맞이하는 우리 시민들이 내 삶을 어떻게 마무리할 것인가, 어떤 방법으로 존엄하게 죽음을 맞이할 것인가를 생각해 보는 계기를 만들어줬습니다. "선생은 병원 중환자실에 갇히지 않고, 생명이 다하는 순간까지 자택에서 해를 쬐며 삶 쪽의 문을 활짝 열어놓았다. 그것은 미련이 아니라 즐거운 책무였다"라는 제자의 회상처럼 말이지요. 이런 일이 저절로 되는 것이 아닙니다. 내가 결정하고 가족에게 당부하고 병원에게 당부함으로써 이루어지는 것입니다.

사람은 늙고 병들어서 죽게 마련입니다. 치료해서 건강을 회복할 수 있다면 적극적으로 치료하는 것이 당연합니다. 문제는 늙고 병들고 쇠약해져서 더 이상 치료 효과가 없는 경우입니다. 이때 우리 사회는 너무나 치료에 의존하는 경향이 있습니다. 과연 가능하지 않은 완치를 우리의 목표로 삼을 것인가 아니면 다가온 죽음을 자연스럽게 받아들이고 통증을 완화하는 치료를 받으면서 가족과 함께 삶을 마무리할 것인가, 이건 우리가 선택할 문제입니다.

안락사와 존엄사의 차이

알랭 들롱을 아시나요? 요즘 쉽게 들을 수 있는 이름은 아니지만 프랑스 느와르 영화의 전성기를 열었던 배우입니다. 잘생긴 외모 덕분에 미남의 대명사로 불리면서 미소년, 미청년, 미중년, 미노년 타이틀까지 모조리 섭렵할 만큼 유명세를 탔던 배우입니다. 그런 알랭 들롱이 2019년 뇌졸중 수술을 받고 투병생활을 하다가 안락사를 결정했다는 뉴스를 접했었습니다. 이 글을 쓰는 중에 그는 자연적으로 세상을 떠났습니다. 우리가 좋아하던 진짜 멋쟁이 배우의 죽음에 대한 결정 얘기를 처음 들었을 때, 참 많은 생각을 했습니다.

안락사는 우리에게 친숙하면서도 낯선 용어입니다. 안락사는 '극심한 고통을 받고 있는 불치의 환자에 대하여, 본인 또는 가족의 요구에 따라 고통이 적은 방법으로 생명을 단축하는 것'을 말합니다.

영화 〈네 멋대로 해라〉로 세계 영화사의 흐름을 바꿨다는 평가를 받는 프랑스의 거장 장 뤽 고다르 감독이 안락사로 세상을 떠났습니다. 다수의 질병을 앓고 있던 92세의 노장이 안락사가 허용되지 않는 조국 프랑스를 떠나 스위스에서 안락사를 선택해 세상을 떠나자 프랑스에서는 '죽을 수 있는 권리'에 대한 논란이 뜨거워졌습니다.

마크롱 프랑스 대통령은 안락사 허용 여부를 국민 투표를 통해 결정했습니다. 2024년 의회에 제출한 조력 사망(안락사)에 관한 법안은 스스로 판단할 수 있는 성인을 대상으로 조력 사망을 제한적으로 허용하는 내용을 담고 있습니다. 의료 전문가의 동의를 통해 처방된 치명적 약물을 환자가 스스로 투약하는 방식이라고 합니다. 그 외 일부 유럽 국가에서도 적극적 안락사를 허용해 가는 추세입니다.

2024년 4월 국내에서 한 불치병 환자가 안락사 즉 조력 사망의 합법화를 요구하는 헌법 소원을 냈다는 소식이 전해졌습니다. 공무원으로 일하던 임 씨는 3년 전 피부과 진료 중 바이러스에 감염되어 하반신이 마비된 후 이어지는 각종 질병으로 고통스러운 나날을 보내게 되었습니다. 가장 강력한 마약성 진통제를 사용해도 가라앉지 않는 통증으로 매일을 힘겹게 보내야 했던 임 씨는 스위스에서 안락사를 할 수 있다는 소식을 듣고 신청하기로 마음 먹었습니다.

하지만 스위스에 동행해야 하는 딸이 국내법에 따라 자살방조 죄로 처벌받을 수 있다는 이야기를 듣고 헌법소원을 내기로 마음 먹었다고 합니다. 우리 법이 개인의 행복 추구권과 가치 결정권을 침해한다는 것입니다. 변호인단은 임 씨를 대신해 헌법 재판소에 헌법 소원 심판 청구서를 제출하고 공개 변론을 요청했습니다. 실제로 스위스 조력 사망 단체에 가입한 한국인 수는 아시아 국가 중 가장 높은 숫자라고 합니다.

세계적으로 봐도 안락사는 21세기에 대두되고 있는 새로운 흐름입니다. 최초의 안락사법은 20세기가 끝나기 직전인 1997년 미국 오리건주에서 제정됐습니다. 그 뒤로 미국 9개 주가 안락사법을 제정했고 현재 16개 주에서 입법 논의가 진행되고 있습니다. 유럽에서는 2002년 네덜란드에서 안락사를 허용하는 법을 제정한 것을 시작으로, 이웃나라 벨기에, 룩셈부르크, 스페인, 독일, 덴마크 등으로 안락사를 허용하는 법이 확산되고 있습니다. 그리고 캐나다와 오스트레일리아의 일부 주에서만 허용되던 것이 전체 주로 확대되었습니다.

짧은 역사에 비해서 안락사법이 빠르게 확대되는 것은 현대의학의 발달과 긴밀한 관계가 있습니다. 의학의 발달로 무의미한 연명 상태가 지속되면서 과연 이것이 최선의 선택인가 하는 의문과 함께, 내 생명에 대한 결정을 내가 하는 것이 좋겠다는 움직임이 안락사의 입법과 제도화에 반영되고 있기 때문입니다.

우리는 이러한 낯선 새로운 흐름에 대해서 신중하게 그러나 또 열린 자세로 이 문제를 다뤄야 합니다. 우리나라는 이와 관련된 법인, 연명의료에 대한 자기 결정권을 보장하는 법이 이미 8년 전에 제정됐고 2년의 준비 과정을 거쳐서 현재 6년째 실행되고 있습니다.

「연명의료결정법」 제정에 참여하면서 가장 어려움을 겪었던 점이 '안락사가 연명의료결정법에서 허용하는 죽음인가 아닌가'라는 논란이었습니다. 현재 우리나라 연명의료결정법에서 허용하는 것은 안락사가 아닌 존엄사입니다.

존엄사란 '임종 말기에 인공호흡기 착용 또는 심폐소생술처럼 무의미한 연명의료를 하지 않고 자연스럽게 존엄한 죽음을 맞이하는 것'을 말합니다. 의학의 힘을 동원해 적극적으로 생명을 마무리하는 안락사와는 다릅니다.

사실 2022년 6월 우리나라에서도 조력존엄사법 재정 논의가 대두되었습니다. 안규백 의원실이 법안 발의를 한 것인데, 정확한 명칭은 「호스피스 완화의료 및 임종과정에 있는 환자의 연명의료

결정에 관한 법률」에 대한 개정안(조력존엄사법)입니다.

조력존엄사법에는 말기 환자가 자기 삶을 스스로 끝내며 '존 엄한 죽음'을 맞이할 수 있는 권한을 부여하자는 내용이 담겨 있 습니다. 물론 엄격한 조건을 통과해야만 가능하다는 전제하에서 말이지요. 조력존엄사(안락사)로 자신의 삶을 마감하는 것까지 권 리로 주장할 수 없다는 의견과 환자의 고통을 덜어주기 위한 지 원이 먼저라는 의견이 대립하는 가운데 국회에 발의된 조력존엄 사법은 실제적으로 논의조차 되지 못하고 폐기되었습니다. 22대 국회에서 다시 발의된 안락사법이 어떻게 논의될지 지켜봐야 할 일입니다.

우리나라의 연명의료결정법은 나의 마지막을 내가 선택함으 로써 자연스럽고 존엄한 죽음을 맞이할 수 있게 결정권을 보장하 는 것입니다. 안락사를 허용하느냐 허용하지 않느냐를 논의하기 에 앞서 연명의료결정법에서 자기 결정의 대상 범위를 어디까지 확대할 것인지, 확대한다면 구체적으로 무엇부터 하는 것이 좋은 지에 관한 검토가 필요합니다.

연명의료결정법을 만들 때부터 지금까지 가장 큰 논란거리는 '인공영양을 강제로 공급하는 것'에 대한 논의입니다. 많은 분들 이 인공영양 공급을 자기 결정권의 선택 사항으로 포함해야 한다 는 의견을 제시하고 있습니다. 현재 인공영양 공급은 허용 대상

항목에서 빠져 있습니다. 연명의료에 대해 결정할 수 있는 항목이 인공호흡기 착용, 심폐소생술, 또 항암 치료와 투석 등 몇 가지로 제한돼 있기 때문입니다.

인공영양 강제 급식을 하고 싶지 않아도 법적으로 허용되지 않는다니, 이건 좀 현실에 맞지 않습니다. 생명체의 원리가 활발하게 영양과 수분을 공급하다가 수명이 다하면서 공급을 줄이고 나중에는 끊어지게 되는 것 아닙니까? 그런데 강제로 음식물을 몸 안에 투입하는 것이 과연 생명의 원리에 맞는지 논의가 필요합니다.

250만 명이 넘는 시민들이 무의미한 연명의료를 받지 않고 품위 있게 죽음을 맞이하겠다고 사전연명의료의향서에 서명했고 국가가 그것을 관리해주고 있습니다. 그런 점에서 조력존엄사를 논의하는 것과 함께, 기존의 연명의료결정법이 너무 제한적, 한정적으로 되어 있는 것을 현실에 맞게 넓히고 활성화해서 연명의료에 대한 자기 결정권이 보다 실질적으로 보장될 수 있도록 하는 논의가 필요해 보입니다.

그 외에도 연명의료결정법에 허용된 결정 시기를 확대하고 사전연명의료의향서 등록이 활성화될 수 있도록 더 많이 홍보하고 교육해야 합니다. 또, 연명의료결정법 시행 이후 보건소 같은 국가기관이 사전연명의료의향서 등록기관으로서 역할을 제대로 하고 있는지 점검해봐야 합니다.

알랭 들롱의 안락사 결정을 보며 우리가 죽음을 어떻게 맞이하는 것이 좋은 일인가 생각해보았습니다. 우리 사회가 합의하고 있는 연명의료결정법을 어떻게 우리 사회에 확산시켜서 보다 품위 있는 죽음을 맞이하는 문화를 만들 것인가 다 같이 생각하는 계기가 되기를 희망합니다.

100세의 니어링이 곡기를 끊은 이유는?

미국의 경제학자이자 평화운동가 스콧 니어링 박사가 100세의 나이로 세상을 떠났을 때 그의 죽음은 오랫동안 화제가 되었습니다. 그가 선택한 남다른 임종 방식 때문입니다.

1883년 미국 펜실베이니아주의 부유한 가정에서 태어나 대학에서 경제학을 가르치던 스콧 니어링은 산업주의가 인간의 삶을 허망하게 만드는 원인이라고 보고, 자연으로 돌아가 단순한 삶을 추구하면서 진정한 인간다움을 회복하려고 노력했습니다. 그는 단순한 삶을 위해서 대학교수를 그만두고 도시를 떠나 농촌에서 생활하는 삶을 선택했고 채식주의자로 살았습니다.

버먼트주의 한적한 시골 마을에 정착한 이후 그는 직접 농사를 지으며 자급자족의 생활을 했습니다. 이후 평생을 꼭 필요한 만큼 농사를 짓고, 죽을 때까지 일하는 걸 멈추지 않으며, 필요 이상의 소유를 원하지 않는 삶을 살았고 남는 시간에는 자신이 좋아하는 독서, 명상, 악기 연주를 하며 삶을 즐겼습니다.

니어링은 '의사는 질병은 잘 알지만 건강은 잘 모른다'며 병원에도 가지 않았습니다. 그런 생각이 맞았는지 아니면 건강을 타고난 것인지 정확한 이유는 알 수는 없지만, 오래도록 소박하고 평온한 삶을 이어갈 수 있었습니다. 100세가 되던 해, 니어링은 자신의 기운이 모두 소진되어 삶을 마무리할 때가 되었다는 것을 깨달았습니다. 자신의 생명이 다른 사람의 손에 의해 연장되는 것을 원하지 않았던 니어링은 스스로 곡기를 끊고 단식을 하다 조용히 세상을 떠났습니다.

니어링의 곡기 끊기에 관한 기사를 접했을 때 무척 생소하게 느껴졌습니다. 신념을 이루기 위해 단식을 하거나 체중을 줄이고 싶어서 단식한다는 이야기는 들어봤지만 곡기를 끊어 삶을 마감하다니!

배고픔을 참으면서 죽음을 맞이한다는 것이 우리에겐 낯설고 부자연스럽다고 생각했습니다. 스스로 곡기를 끊는다는 것은 참 어려운 일일 것입니다. 그렇게 힘들고 무리한 일을 따라 할 일인가 싶고, 다른 사람에게 권할 만한 일도 아니라고 생각했습니다. 그런데 이야기 속에서 가끔 경륜이 깊은 고승이 곡기를 끊고 죽음을 맞이했다는 사례들에 대해 들었던 것이 생각났습니다.

또 최근에 읽은 타이완의 의사 비류잉이 쓴 『단식 존엄사』는 의사인 딸이 어머니의 죽음을 동행하며 기록한 굉장히 인상 깊은 책이었습니다. 저자의 어머니는 중년이 넘은 나이에 소뇌실조증이라는 가족 유전병이 발병한 것을 알게 되었습니다. 이 병의 고통이 이루 말할 수 없는 정도라 어머니는 하루빨리 고통에서 벗어나기를 바랐습니다. 그러나 타이완도 안락사법이 없는 나라였기에 어머니는 스스로 단식 존엄사를 계획하고 의사인 딸에게 자신의 마지막을 부탁합니다. 다음은 책 소개에서 발췌한 내용입니다.

"어머니는 곡기를 끊고 식사량을 점진적으로 줄여나갔다. 곡기를 끊는 단식 존엄사 방식은 의사 나카무라 진이치가 '5곡 7일 끊기, 10곡 7일 끊기, 야생 식물과 과일 섭취 7일, 수분 7일 끊기'의 방식으로 구체화해 제시한 바 있다. 생선이나 고기는 먹지 않고 죽과 삶은 채소, 과일을 주식으로 했으며 허기를 덜 느끼고 사레들리는 것을 방지하기 위해 오일과 연근물을 섭취했다. 단식 11일 후부터는 고형 음식을 모두 끊었고 이틀 뒤 연근물도 끊었다. 18일째부터 숙면하는 시간이 길어지더니 21일째 되는 날 어머니는 편안한 얼굴로 떠나셨다."

니어링의 죽음에 대한 글과 이 책의 사례를 읽고 곰곰이 생각해 보니 어쩌면 이것이 바로 자연의 섭리를 따르는 것인지도 모르 겠다는 생각이 들었습니다. 나무는 봄에 왕성하게 새싹을 돋우고 꽃을 피웁니다. 여름에는 열매를 맺어 키우고, 가을에는 열매와 함께 잎까지 다 떨어뜨립니다. 이 모든 것이 자연의 순환 과정 아 니겠습니까? 나이가 들고 병이 들고 쇠약해진다는 것은 삶의 주 기가 왕성한 활동을 접고 자연으로 돌아가는 순환 과정에 이른 것 이라 볼 수 있습니다.

왕성한 활동을 할 때는 양질의 영양분 공급이 필요할 터이고 신체 기능도 그에 맞춰 작용할 것입니다. 그런데 세월이 지나 늙 거나 병이 들어 신진대사가 악화되었다면, 억지로 영양분을 섭취 하는 게 정말 꼭 필요한 일인지 생각해보게 됩니다.

봄에는 싹을 틔우고, 여름에는 열매를 맺고, 가을에는 낙엽을 떨어뜨리는 것이 자연의 섭리인 것처럼, 사람도 세상을 떠날 때쯤 되면 자연스럽게 섭취를 줄여가는 것이 자연의 이치에 맞을 수도 있습니다.

가을이면 나무가 활발하게 영양분을 빨아들이는 대신 영양 공 급을 줄이고 무성한 나뭇잎을 하나둘 떨어뜨리는 것처럼, 인간 생 명의 흐름도 세상을 떠나 자연으로 돌아갈 때는 왕성하게 영양분 을 섭취하는 것이 아니라 서서히 줄여가고 끊는 것이 자연스러운 일인지도 모르겠습니다. 그런 점에서 옛날 고승들이나 니어링의 곡기 끊기는 자연 질서에 순응하면서 내 삶을 내 뜻대로 마무리하는 방법 중 하나라고 생각합니다.

현대의학은 환자가 음식 섭취를 못하게 될 경우에 호스를 통해 영양분을 공급합니다. 우리나라 연명의료결정법에서는 인공호흡기 착용을 거부할 수 있도록 인정하고 있지만, 인공영양 공급을 중단하는 행위는 금지하고 있습니다. 인공호흡기를 착용하지 않아도 인공영양 공급은 계속해야 합니다. 결국 임종을 맞이할 시기가 되면 본인의 뜻과 상관없이 가족이 병원에 입원을 시키고, 병원에 입원하면 의사의 지시를 따르지 않을 수 없습니다. 별다른 치료를 해볼 수 없는 상황에서도 인공영양 공급이 계속되면 생명은 유지되고, 의미 없이 힘겨운 시간을 보내다가 중환자실에서 홀로 임종을 맞이하기 십상입니다. 사람은 자기가 원하는 것을 할 수 있을 때 행복을 느낀다고 하는데 자신의 생명을 자기 결정이 아니라 남의 손에 맡긴다면 얼마나 안타까운 일일까요?

예전에 사람들은 제 집에서 숨을 거두는 게 당연한 운명이었습니다. 그런데 현재 우리나라 사망자 10명 중 8명은 병원에서 죽음을 맞이한다고 합니다. 임종을 맞는 노인이 환자로 취급되면서 죽음의 현장이 가정에서 병원으로 옮겨진 것입니다. 현대의학은, 특히 우리나라의 의학은 나이 먹은 분이 병들고 죽음에 임박해져도 끝까지 그 병의 원인을 찾아내서 그 병을 치료하는 데 전력을 다합니다. 이것이 어느 정도로 극단화돼 있는지를 보여주는 통계가 있습니다.

싱가포르는 노인들이 응급실에 실려 갔을 때 중환자실로 이송되는 비율이 10% 정도입니다. 그런데 우리나라는 노인들이 응급실에 실려 가면 70% 정도가 중환자실로 이송됩니다. 무엇 때문에 이런 차이가 날까요?

싱가포르에서는 '이분이 나이가 많아지고 노쇠해져 치료를 해도 실제로 큰 의미가 없으니 자연스럽게 죽음을 맞이할 준비를 하는 게 좋다'고 판단해 꼭 필요하고 치료 효과가 있는 환자들만 중환자실로 보냅니다. 그 비율이 10% 정도인 거죠. 반면 우리는 절대다수가 중환자실로 갑니다. 컨베이어 벨트 비슷하게 그냥 자동적으로 가는 겁니다.

그러다 보니 우리는 가족과 따뜻한 인사를 나누지도 못하고 이별의 순간을 맞이하고 있습니다. 임종을 앞둔 환자에게 무의미한 연명의료 대신 의미 있고 실질적인 도움이 되는 치료는 없을까요? 그 대안으로 찾은 것이 바로 호스피스 완화의료입니다.

호스피스 완화의료

호스피스 완화의료란?

　사랑하는 부모님의 생명이 위독해졌을 때 여러분은 어떠한 치료법을 선택할까요? 아마 대부분의 사람들이 할 수 있는 한 모든 치료를 다 하려고 할 것입니다. 그런데 근래 들어 나아질 가능성이 없는 환자들에게 시행하는 무의미한 연명의료가 과연 바람직한 것인가에 대한 성찰이 이루어지며, 그런 경우를 피하기 위해 연명의료에 대한 자기 결정권을 보장하는 법과 제도가 만들어졌습니다. 연명의료를 원하지 않는 사람들에게 적합한 치료 방법이 있습니다. 바로 호스피스 완화의료입니다.

> ※ 호스피스란, 죽음을 앞둔 환자에게 죽음이란 삶의 자연스러운 과정이라는 것을 인식시키고, 이를 바탕으로 연명의료 대신 평안한 임종을 맞기 위해 정신적·신체적 고통이 완화되도록 도와주는 것이다. 현재 호스피스는 임종 환자의 편안한 죽음뿐 아니라 환자가 사망한 후 가족 구성원들이 느끼는 충격이 더욱 심각할 수 있기 때문에 환자의 가족까지 돌본다는 의미를 가지고 있다.

　호스피스는 임종을 맞는 환자들이 죽음을 받아들이고 희망 속에서 가능한 한 편안한 삶을 살도록 돕는 제도입니다. 호스피스 완화의료의 핵심은 환자의 통증을 줄여주는 겁니다. '나는 사랑하는 사람들에게 통증으로 괴로워하는 나의 모습이 마지막 기억이 되지 않기를 원하며, 고통이 심한 경우 충분한 진통 치료를 받길 원한다'는 사람들에게 적합한 치료 방식입니다.

환자가 어떤 질병을 앓고 있을 때 치료를 해도 그저 목숨만 부지하는 것 이상의 효과가 없을 경우, 차라리 환자가 그 삶의 마지막 단계를 받아들이고 고통을 줄이며 편안한 마음으로 삶을 정리하고, 가족과 지인들에게 사랑의 뜻을 전하고 자기 뜻대로 삶을 마무리할 수 있도록 돕는 것이 핵심입니다.

이런 호스피스 완화의료가 가능한 대상자는 누구일까요?

주치의로부터 말기암 진단을 받아 여명이 6개월 미만인 환자로 회복 치료가 아닌 통증 조절 및 증상 완화를 원하며, 말기암 관련 증상은 있으나 임종이 임박하지 않고 의식이 명료한 환자들입니다. 말기암 환자로서 수술, 항암, 화학요법, 방사선 요법을 시행했으나 치료 효과를 더 이상 기대하기 어렵다는 의사의 판정을 받았을 때, 암으로 인한 통증이나 여러 증상들로 인해서 신체적 정신적으로 고통을 받고 있어 병원에서의 전문적인 손길이 필요할 때 호스피스 완화의료를 통해 적절한 도움을 받을 수 있습니다.

◉ 호스피스 완화의료 사례

이 모 씨의 아버지는 간암 진단을 받고 종합병원에서 항암치료를 받기 시작했습니다. 하지만 암이 간에서 신장으로, 신장에서 흉추로 전이되면서 혹독한 암성 통증이 시작되었습니다. 암세포가 척추를 누르며 하반신 마비로 걸을 수조차 없게 되었고, 경구진통제로는 진통 효과가 없어 응급실에서 마약성 진통제를 맞으며 하루하루를 힘겹게 버텨야 했습니다. 담당의사는 MRI 소견상 항암치료를 중단하고 호스피스 병동으로 옮기는 것이 낫겠다고 권고했습니다.

지금까지 치료를 받았던 병원은 암성 통증완화를 위한 입원은 불가했기에 이 씨는 아버지가 입원할 수 있는 호스피스 병원을 알아보기 시작했습니다. 아버지와 가족들이 원하는 조건은 '집에서 가까운 곳, 임종이 임박하지 않아도 1인실 사용이 가능한 곳, 통증관리가 잘 되는 곳, 가족들의 면회가 수월한 곳'이었습니다.

전국에 있는 호스피스 완화의료센터를 알아보고, 방문상담을 한 후 아버지와 가족들이 원하는 조건에 딱 맞는 곳을 찾을 수 있었습니다. 그동안의 소견 서류와 MRI, CT 영상물 자료, 투약 기록지 등을 제출해서 호스피스 완화의료센터의 입소 허가를 받았고, 이 씨의 아버지는 호스피스 완화의료센터에 입원하게 되었습니다.

호스피스 완화의료센터에 입원한 후 이 씨의 아버지는 견디기 힘든 통증을 줄일 수 있는 전문 치료를 받으며 정신적 육체적으로 훨씬 편안한 시간을 보낼 수 있었습니다. 그리고 병원 프로그램을 통해 삶을 정리하고 가족들과 이별을 준비하는 시간을 보내시다 얼마 후 세상을 떠나셨습니다.

아버지를 잃은 슬픔은 어쩔 수 없었지만 그래도 아버지가 마지막 시간을 고통 속에서 보내시지 않고 편안한 환경 속에 머물다 가셨다는 사실이 이 씨에게는 큰 위로가 되었습니다.

일반 병동에서 죽음이란 의료의 실패로 간주됩니다. 그러니 환자가 살아있는 동안 끝까지 최선을 다해 모든 치료를 하는 것이 마땅합니다. 반면, 호스피스 완화의료 병동에서는 죽음을 삶의 일부이며 과정이라고 받아들이고 있습니다. 그래서 죽음까지도 삶의 일부로 여깁니다. 일반 병동은 질병을 완치시키고 생명을 연장시키는 것이 목표인 반면, 호스피스 완화의료 병동의 치료 목표는 삶의 질을 향상시키는 것에 두고 있습니다. 일반 병동은 환자 중심인 데 비해서 호스피스는 환자와 가족을 아우른다는 점에서도 차이를 보입니다. 치료 기간 역시 차이가 있습니다. 호스피스는 질병 치료가 중단된 이후라도 임종까지 지속적으로 환자를 돌보고 임종 후 가족의 돌봄까지 포함하고 있습니다. 그에 비해서 일반 병동은 질병 치료가 가능한 동안만 돌봄을 베풀고 있습니다.

구분	호스피스 완화의료 병동	일반 병동
죽음의 정의	죽음은 삶의 일부이고 과정이다	죽음은 의료의 실패이다
목적	삶의 질을 향상시킨다	질병의 완치, 생명의 연장
접근방법	고통 치료에 총체적, 다각적으로 접근	질병 중심 의학적 접근
대상	환자와 환자 가족	환자
치료기간	질병의 치료가 중단된 이후라도 임종까지 지속적으로 환자를 돌보고 이후에 사별 가족 돌봄	질병치료가 가능한 동안 돌봄

출처: 서울특별시 서북병원 홈페이지

Chapter 3 마지막, 내가 결정하다-다섯 가지 결정

호스피스 완화의료는 말기 환자나 임종을 앞둔 환자의 삶의 질을 크게 높일 수 있습니다. 그럼에도 불구하고 호스피스 이용률은 최근 23% 정도에 그치고 있습니다. 이유가 무엇일까요?

첫째, 대형 병원의 입장에서 보면 호스피스 완화의료 병동을 운영하는 것은 수익성이 너무 적습니다.

둘째, 호스피스 병동은 응급 병동이나 입원 병동의 대기 기간에도 영향을 줍니다. 우리나라 전체에서 호스피스 완화의료 병상을 가진 기관은 90개, 그 기관 전체의 병상을 더해도 1,500개로 턱없이 부족합니다.

셋째, 호스피스는 치료가 안 돼서 죽으러 가는 곳이라는 부정적인 인식이 여전합니다. 호스피스 병동에 입원하면 임종 때까지 계속 입원해 있어야 한다고 생각하는 분들이 계십니다. 하지만 그렇지 않습니다. 환자가 입원했을 때 불편했던 증상이 완화돼서 집에서 생활이 가능하다면 퇴원하여 집에서 치료받을 수 있습니다. 환자와 가족들이 집에서 임종을 원하실 때도 퇴원은 가능합니다.

호스피스 완화의료 이용률이 적은 이유를 요약해보면, 결국 위계적인 병원 구조와 함께 대형 병원 병목 현상 등 의료 전달 체계의 구조와 의료진, 환자, 가족들 모두의 오해와 정보 부족 등이 함께 작용하고 있기 때문입니다.

생애 마지막을 어떻게 맞이할 것인지 우리 시민들이 잘 생각해야 합니다. 끝까지 모든 치료를 받다가 외롭고 힘들게 죽음을 맞이할 것인지, 아니면 죽음을 받아들이고 통증 완화의료를 중심으로 심리적, 정신적 위안을 받으며 호스피스 병동에서 가족과 함께 죽음을 맞이할 것인지 어떤 것이 더 좋을지 다시 한 번 생각해 볼 때입니다.

간병 살인 막을 웰다잉 제도, 재택 임종과 가정 호스피스

치매를 앓는 80대 아버지를 8년간 홀로 간병해온 50대 아들이 아버지를 숨지게 한 뒤 극단적인 선택을 한 사건이 있습니다. 이른바 간병 살인이라 불리는 비극적인 사건입니다. 숨진 아들은 다니던 직장도 그만두고 치매를 앓는 아버지를 홀로 8년간 간병해왔다고 합니다. 대구에서는 지난해 10월, 60대 아버지가 뇌병변을 앓는 아들을 40여 년간 보살피다 숨지게 한 사건도 있었습니다.

간병을 하더라도 일상적인 경제활동을 유지할 수 있는 간병 체계 등을 구축할 수 있도록 정부와 지자체가 정책으로 도왔더라면 간병 살인 같은 비극은 막을 수 있었을지도 모릅니다. 장기간 간병 중인 보호자를 적극적으로 발굴해 지원하는 등 행정당국의 선제적 대응이 필요한 까닭입니다.

현재 250만 명이 넘는 시민들이 무의미한 연명의료를 받지 않겠다고 사전연명의료의향서를 등록하고 있습니다. 연명의료의 대안으로서 호스피스 완화의료가 더 중요한 때입니다. 그럼에도 호스피스 완화의료에 대한 정부의 장려확산정책은 대단히 미미한 것이 안타깝습니다. 호스피스 완화의료에 대해서 다양하고 종합적인 발전 대책이 이제 본격적으로 필요한 때입니다. 병상형 호스피스를 받지 못하는 나머지 환자들은 호스피스 의사나 간호사가 환자의 가정에 와서 환자를 돌보는 가정형 호스피스나 일반 병동에서 호스피스 완화의료를 받을 수 있도록 해야 합니다.

완화의료 대상 범위도 확대해야 합니다. 이를테면 인공호흡기를 착용하지 않는 것은 가능한데 인공영양 공급은 중단할 수 없는 모순을 해결해야 합니다. 호스피스 완화의료에 대한 대상 및 증상도 훨씬 더 확대해서 현실적으로 많은 사람들이 이용할 수 있게 해야 할 것입니다.

'병원이 아닌 내 집에서 죽을 권리라는 주제'로 세미나가 개최된 적이 있습니다. 이 간담회에서 발제를 맡은 서울대 의대 김윤 교수(현 국회의원)는 연이은 간병 살인을 막기 위해서 건강보험 재정의 통합과 가정형 호스피스 서비스를 확대하여 웰다잉 체제를 구축해야 한다고 강조했습니다. 토론자로 참석한 관련 전문가들도 정부가 웰다잉 제도 구축을 위하여 우선해야 할 일은 복지부가 차기 시범 사업을 통해 빠르게 제도적 근거를 마련하고 재정지원을 하는 것이라는 데 의견을 모았습니다.

한국의 노인 돌봄 재정지출이 GDP 대비 1.3%로 OECD 평균인 1.7%와 비교해 크게 떨어지지 않음에도 환자들의 돌봄 만족도가 매우 낮습니다. 특히 병원 사망률이 2019년 기준 77%에 달해 캐나다, 영국, 호주, 미국보다 압도적으로 높습니다.

한국이 OECD 국가 중 병원 사망률이 1위를 차지하게 된 몇 가지 원인을 살펴보면 우선 기존 건강보험 제도와 장기요양보험 제도 간의 재정 분절과 재가 서비스 부족 및 의료기관과의 서비스 연계 분절, 그리고 잘못된 장기요양보험 제도의 설계가 지적되었습니다. 그 결과 대부분의 노인들이 집이 아닌 병원에서, 과도한 의료 서비스를 받으며 사망하고 있다는 것입니다.

영국의 경우, 정부의 적극적인 보건의료정책을 통해서 지난 10년간 병원 사망률을 30% 이상 감소시켰습니다. 최근 일본도 정부와 지자체가 나서서 재택 사망을 지원하는 제도와 서비스를 확장하고 있습니다. 한국도 정부가 나서서 노인의 병원 사망률을 줄일 수 있는 웰다잉 제도 정책을 마련해야 합니다.

〈효과적인 웰다잉 제도 구축을 위한 모임〉에서 제시된 구체적인 방법들이 있습니다.

첫째, 현 장기요양보험 대상을 9%에서 11%로 확대하고 요양병원을 장기요양보험으로 이전하여야 합니다.

둘째, 재택 의료 서비스를 확대하여 장기요양 대상자 누구나 방문 건강 관리를 받을 수 있게 개선합니다.

셋째, 정부와 지자체가 지역 재택의료기관 센터를 중심으로 노인주치의 서비스와 가정형 호스피스 서비스를 제공합니다.

세미나에 토론자로 참석해 정부가 혁신적인 제도와 정책을 하려는 의지가 있다면 함께 해결책을 찾을 수 있다고 말한 〈대한재택의료학회〉 박건우 이사장은 우선 해결해야하는 몇 가지 문제점을 제시했습니다.

첫째, 현재 복지부가 시행하는 재택의료 시범사업 대상자가 암 환자 또는 중환자 중심이어서 초고령화 문제를 포괄적으로 해결할 수 있는 해결책이 되지 못하고 있다는 점입니다.

둘째, 현재 가정형 호스피스를 제공하는 병원의 수가 서울 5곳, 경기도 11곳으로 매우 제한적이라 재택 임종을 지원할 수 있는 서비스 기관이 부족하다는 점입니다.

셋째, 아파트나 빌라 등 공동주택 중심의 주거 문화환경은 재택 임종 후 시신 운구에 어려움이 있다는 점입니다.

또 다른 토론자로 참석한 보건복지부 오동엽 사무관은 정부도 이와 같은 문제점을 인지하고 가정 호스피스 활성화를 위해 지속적인 논의를 이어가고 있다고 답했고, 발제자와 전문가들은 향후 복지부가 차기 시범 사업에 이 문제를 얼마나 반영할지 주목해야 한다는 데 의견을 모았습니다.

이번 세미나에서 발제를 맡은 김윤 교수는 지난 4월 2일 〈대한 재택의료학회〉 창립 심포지엄에서도 한국 웰다잉 제도의 구조적 문제점을 지적한 바 있습니다. 현재의 의료체계와 건강보험 정책의 구조적 개선 없이는 임종의 질을 확보할 수 없다고 김윤 교수는 주장했습니다. 그의 해결 방안 중에서 제가 특별히 관심을 가졌던 부분은 노인의 재택 임종을 가능하게 하려면 정부가 노인과 가족에게 24시간 간병비로 월 300만 원 이내의 비용을 최소 2개월 지원해 줘야 한다는 매우 구체적이고 현실적인 제안 내용이었습니다.

〈중앙호스피스센터〉에서 발표한 호스피스 병동용 서비스의 평균 이용 기간은 약 20일 정도이며, 가정용은 약 40일 정도라고 합니다(2022년도 기준). 하지만 누구나 이 서비스를 이용할 수 있는 것이 아닙니다. 병동형은 암 진단을 받은 환자만 이용할 수 있고, 가정형은 암 이외에 말기 질환 환자의 이용을 허용하고 있지만 전국 38개 기관에서만 운영하고 있는 매우 제한적인 서비스입니다.

그러다 보니 많은 환자와 가족들이 서비스를 원해도 이용할 수 있는 서비스 기관을 찾기가 어렵습니다. 기관을 찾아 신청하더라도 오랫동안 기다리거나 혹은 기다리는 중에 돌아가시는 분도 많다고 합니다. 정부 또는 지역사회가 함께 힘을 모아 한 사람의 마지막 삶을 마무리하는 기간 동안, 한 달이 채 안 되거나 겨우 한 달이 넘는 이 짧은 기간만이라도 평안하게 삶을 정리할 수 있도록 재택 임종에 관한 대책을 마련해야 합니다.

내가 원하는 마지막을 미리 준비하자

살날이 며칠 안 남았다는 것을 내가 알게 되었을 때, 그리고 더더군다나 몸 상태가 더 나빠져서 내 생각과 희망을 가족에게 또는 간병인에게 전달할 수 없는 상태가 되었을 때, 그분들은 나를 위해 무엇을 해야 될지 스스로 판단하기가 어렵습니다. 특별한 대책을 세우지 못하고 우왕좌왕하거나 자기중심의 판단을 가지고 나에게 도움을 주려고 할 것입니다.

그 순간 가장 올바른 방법, 또 내게 도움이 되는 방법은 내가 말기 상태에서 어떤 돌봄을 원하는지 미리 밝혀두는 것입니다. 특히 의식도 없고 고통이 심할 때 내가 원하는 것이 무엇인지, 죽음이 임박했을 때 내 마지막 소원은 무엇인지 미리 밝혀주면 좋지 않을까요?

임종할 때 나를 위한 기도, 가족을 위한 기도를 꼭 해 달라는 소원을 남겨도 좋습니다. 이왕이면 임종에 임박해 있을 때 내가 좋아하는 시 또는 어떤 시인의 시를 읽어달라고 구체적으로 얘기할 수 있으면 더 좋겠습니다. 원하는 것이 한 가지가 아니라 여러 개일 수 있겠지요. 마지막으로 내가 듣고 싶은 기도나 시, 노래를 내가 미리 정해서 알려준다면 돌보는 가족들에게 중요하고 큰 도움이 되는 지침일 것입니다.

노무현, 김대중, 김영삼, 법정스님, 이건희 등 전직 대통령들과 각계 유명인사의 장례를 도맡아 '대통령의 염장이'라는 별명을 얻은 장례지도사 유재철 원장은 『대통령의 염장이』라는 책에 수많은 사람들의 마지막 길을 배웅하며 느낀 죽음과 삶에 관한 이야기를 담았습니다.

그중 '닮고 싶은 마지막 모습'으로 한 할머니의 모습을 담았습니다. 지병으로 점점 몸이 쇠약해져 삶의 마지막이 다가온 것을 느낀 할머니는 곡기를 끊고 누워 지냈습니다. 그렇게 일주일이 지난 어느 날 할머니는 화장실에서 스스로 목욕을 한 뒤 고운 한복을 꺼내 입고 소파에 누워 잠자듯 세상을 떠났다고 합니다. 마지막까지 맑은 정신을 잃지 않고 스스로 선택한 삶을 받아들인 할머니의 마지막이 참으로 아름답게 느껴졌다고 합니다.

이 책에 나온 할머니의 마지막은 내가 생각하는 아름다운 마지막과 참으로 닮았습니다. 삶의 마지막에 이렇게 잘 준비하고 정돈하고 삶을 마무리할 수 있는 기회가 올 수 있으면 무척 좋을 것 같습니다. 내가 듣고 싶은 시나 노래를 들으면서 내가 원하는 옷을 입고 내가 좋아하는 사람들에게 둘러싸여 세상을 떠날 수 있다면 얼마나 행복하겠습니까? 내가 준비만 하면 되는 일입니다. 내가 세상을 떠날 때 맞이하고 싶은 나의 모습에 대해서 미리 생각해보고 결정해놓는 일은 그래서 아주 중요합니다.

04

네 번째 결정 :
스스로 정리하는
내 삶의 기록

● 인생노트

내 인생의 마지막 계획, 세우셨나요?

우리가 여행을 가게 되면 계획을 세웁니다. 며칠 동안 머물 것인지, 어디에 가서 무엇을 할 것인지, 어디서 식사를 할 것인지 모두 계획을 세웁니다.

우리의 인생 여행 중 가장 중요한 마지막, 죽음을 맞이할 때도 계획이 필요합니다. 내 죽음에 대해서 계획을 세워놓지 않으면 나의 마지막을 남의 손에 맡기게 됩니다.

~~~~~~

세상에 죽음만큼 확실한 것은 없다.

그런데 사람들은 겨우살이는 준비하면서도

죽음은 준비하지 않는다.

- 레프 톨스토이

</div>

프랑스의 철학자 자크 데리다는 췌장암으로 투병하다 임종이 가까워오자 자신의 장례식에 참석할 가까운 이들에게 편지 한 통을 남겼습니다. 편지 마지막은 이렇게 마무리됩니다. "내가 어디에 있든지 나는 그대들을 향하여 미소를 짓고 그대들을 축복하고 그대들을 사랑할 것입니다."

데리다의 편지는 『모리와 함께한 화요일』이란 책에서 "죽음은 생명이 끝나는 것이지, 관계가 끝나는 것은 아니네"라고 말했던 모리 교수의 말을 떠올리게 합니다. 저는 데리다나 모리 교수가 죽음의 공포를 느끼지 않았을 거라고 생각하지 않습니다. 데리다가 남긴 편지는 그 두려움과 공포까지 수용한 다음에 나왔으리라 생각합니다.

사람은 스스로 몸을 못 가누는 순간이 옵니다. 내 재산을 내 마음대로 관리하지 못하는 순간이 올 수 있습니다. 나의 마지막을 누군가에게 맡겨야 한다면 그 순간이 오기 전에 내가 원하는 내용을 그 사람에게 전달해야 합니다. 만일 내가 힘들여 모은 재산을 다른 사람이 자기 마음대로 처리한다면 너무 어처구니없는 일입니다.

재산조차 그러한데 하물며 내 인생의 마지막 소중한 시간을 아무 준비없이 다른 사람이 알아서 정하도록 맡길 수 있겠습니까? 내 인생을, 내 마지막을 내 마음대로 살고 싶다면, 죽음에 대해 자녀를 비롯해 가까운 사람들과 소통하는 것이 당연합니다.

내가 원하는 마지막을 어떤 방법으로 맞고 싶은지 계획을 세워보고 인생노트나 엔딩노트를 써서 전달해보세요.

스스로 정리하는 내 삶의 기록, 인생노트

생애 말기에 자기 결정권을 가지는 문화는 스스로 자기 생활을 정리하고 마무리하는 것에서 비롯됩니다. 즉 평상시에 자신의 삶을 되돌아보고 의미 있게 정리하는 습관을 가지는 것이 좋습니다. 젊은이들 사이에 유행하는 미니멀리즘도 단지 물건과 공간만의 문제는 아니라고 생각합니다.

사람은 고령이 될수록 물건, 시간, 관계 등 자신의 삶을 점차 줄여가며 살아가게 됩니다. 만일 나이가 들어 삶의 규모를 줄이지 못한다면 생애 말기 자신의 물건들을 의미 있게 정리하기 힘들어집니다. 스스로 자신의 생활을 정리하고 나눠주면서 생애 말기를 살아야 합니다.

인생노트는 자신의 삶의 여정을 기록하고 정리하여 남은 삶을 더욱 의미 있게 살 수 있기 위한 방식 중 하나입니다. 스스로 자신의 인생을 기록하면서 앞으로의 인생을 새롭게 성찰하고 나아갈 방향을 찾기 위한 기록이라고 할 수 있습니다. 특정한 형식이 따로 정해진 것이 아니니 누구나 원하는 형태로 기록하면 됩니다. 제가 생각하는 인생노트는 이렇게 기록하면 좋을 것 같습니다.

첫 번째, 내가 누구인가를 기록하는 것입니다. 언제든지 인지능력을 상실할 수 있는 고령층에게는 너무나 평범하고 상식적인 기록이라도 남겨두는 것이 만약의 사태를 위한 준비가 될 수 있습니다. 주민등록번호, 주소, 연락처, 생존한 배우자, 자녀, 형제자매, 친구의 이름과 연락처를 정리해서 기록하도록 합니다.

두 번째, 내 삶의 철학과 여정을 기록하는 것입니다. 지금까지 어떤 일을 하며 살았는지 이력과 내가 해왔던 사회활동, 기억하고 싶은 행사나 사진 등 내 인생에서 남겨두고 싶은 내용을 기록합니다.

세 번째, 나의 건강상태를 기록합니다. 내가 받은 진단기록지를 정리하다 보면 나의 질병에 대해 더 잘 이해할 수 있게 될 뿐만 아니라 증상의 변화에 대해서도 더 잘 대처할 수 있게 됩니다. 대부분의 사람들은 나이가 들면서 만성질환이 하나둘씩 늘어나며 이에 맞는 약을 처방받아 복용하게 됩니다. 그러다 보면 처방받은 약이 겹쳐서 중복 복용을 할 수도 있습니다. 처방약을 잃어버리기도 해서 곤란한 상황에 처하기도 합니다. 인생노트에 담당의사의 이름과 연락처를 정리해두면 긴급한 상황에서 쉽게 대처할 수 있습니다.

네 번째, 재정상태를 정리해서 기록합니다. 재정상태는 마음먹고 정리를 해두어야 나중에 잊지 않고 챙길 수 있습니다. 재정상태를 정리할 때는 유동자산과 고정자산으로 나누어서 정리하는 것이 좋습니다. 유동자산을 작성할 때는 수입과 지출로 나누어 가계부를 쓰듯이 정리합니다. 고정자산을 정리할 때는 등기부등본 같은 증거서류와 정확한 위치, 크기, 관리상태를 기록합니다. 예를 들어 서초동에 아파트 한 채를 보유하고 있다면 아파트의 주소, 평형, 그리고 임대인지 등을 함께 적도록 합니다.

다섯 번째, 나의 앞으로의 계획을 기록합니다. 내가 앞으로 하고 싶은 일이 무엇인지 생각한 뒤 이를 위한 일정을 계획하고 재정계획도 함께 기록합니다. 미래의 계획이란 시간이 지나면서 수시로 바뀔 수 있습니다. 계획이 바뀔 때마다 수시로 내용을 고쳐서 수정된 내용을 기록해야 합니다. 또 상황에 따라 내가 세운 계획을 실행하기 어려울 수 있으니 그럴 경우를 대비한 2안을 함께 기록해 두면 좋습니다.

요즘 노인복지관에서 가장 인기 있는 과목이 인생노트 쓰기라고 합니다. 인생노트는 태어나서 지금까지 살아온 발자취를 되돌아보고, 앞으로의 삶을 재설계하며 새로운 시작을 할 수 있도록 도와줍니다. 또한 언젠가 다가올 이별에 대비하여 가족, 친구, 지인들에게 남기고 싶은 이야기를 노트 형식으로 기록하는 것을 말합니다. 자서전과 비슷하지만 더 자유롭습니다. 자기 내면보다는 외부 사건에 초점을 맞춰 기록하면 됩니다.

또, 공개할 수 있는 내용을 기록하는 것이 좋습니다. 만일 나에게 급한 일이 생기면 배우자나 자녀들 또는 타인이 나의 인생노트를 기준으로 대처할 수 있습니다. 타인에게 공개하면 곤란한 통장번호, 신용카드 번호, 비밀번호 등은 다른 종이에 적어서 따로 보관하도록 합니다. 만일 인생노트에 통장번호나 신용카드 번호를 적어두었다면 비밀번호는 다른 종이에 적어두는 방법으로 기록합니다.

회고록이나 자서전은 주로 유명인이나 정치인, 예술가 같은 사람들이나 쓰는 거라고 생각하기 쉽습니다. 하지만 각각의 인생은 모두 소중합니다. 비교할 필요도 없고 비교할 수도 없습니다. 평범한 사람이라고 해서 그 인생이 보잘 것 없다고 할 수 없습니다. 내가 작성한 인생노트를 보면서 가족이나 지인과 추억을 나눌 수 있습니다. 남은 인생에서 주변의 소중한 인연들과 함께 새로운 삶을 시작할 수도 있습니다. 나만의 이야기를 기록하는 것은 누구에게나 의미 있는 일이 될 수 있으며, 자신만의 아름다운 역사로 남습니다. 또, 인생노트를 보며 가족과 추억을 나눌 수도 있습니다.

내 삶의 마침표, 엔딩노트

〈엔딩노트Ending Note〉라는 영화를 아시나요? 2011년에 개봉한 일본의 다큐멘터리 영화로 국내에서는 배우 한지민이 나레이션 더빙에 참여하여 2012년 개봉하기도 했습니다. 이 영화는 스나다 마미 감독의 영화 데뷔작으로, 자신의 아버지이자 주인공인 스나다 도모아키의 인생 말기를 촬영하여 기록한 작품입니다. 일본에서는 감독이자 딸인 스나다 마미가 직접 나레이션을 맡았습니다.

40여 년 동안 샐러리맨으로서 성실하게 일해온 스나다 도모아키는 정년퇴임을 앞두고 위암 5기 판정을 받습니다. 예상치 못한 죽음 앞에서 그는 의외로 담담하게 자신의 죽음을 준비하기로 합니다. 꼼꼼한 성격을 가진 스나다 도모아키는 임종에 이르기 전까지 자신이 해야 할 일을 적은 'To do list'를 담은 엔딩노트를 기록합니다.

🌀 스나다 도모아키의 'To do list'

'평생 믿지 않았던 신을 믿어보기'

'손녀들 머슴 노릇 실컷 해주기'

'평생 찍어주지 않았던 야당 투표하기'

'꼼꼼하게 장례식 초청자 명단 작성하기'

'가족과 행복한 여행하기'

'나의 장례식장 사전에 답사하기'

'손녀들과 한 번 더 힘껏 놀기'

'나를 닮은 꼼꼼한 아들에게 인수인계하기'

'이왕 믿었으니 신에게 세례 받기'

'아내에게 사랑한다고 말하기'

'엔딩노트 쓰기'

이렇게 'To do list'를 기록하고 하나하나 실천하면서 생애 말기를 그다운 모습으로 살아간다는 내용입니다.

인생노트를 나의 삶을 전반적으로 정리하는 기록이라고 한다면, '마침표 일기'라고도 부르는 엔딩노트는 생애 말기 나의 삶을 하루하루 일기 같은 형식으로 기록하는 것입니다. 오늘 내가 살아 있는 하루를 느낀 것을 기반으로 내일 더 나은 삶을 살 수 있도록 하는 기록이지요.

엔딩노트는 어떻게 작성하는 게 좋을까요?

가장 먼저 할 일은 오늘의 날짜를 적는 것입니다. 엔딩노트를 작성하는 생애 말기는 내일이 불안할 수 있습니다. 내일은 내가 아침을 맞을 수 있을까, 내일 나의 상태는 괜찮을까, 갑자기 건강이 안 좋아지면 어떡하지 등 미래에 대한 불안을 느끼며 혼란스러운 시기이기도 합니다. 엔딩노트에 날짜를 기록하는 것은 불안한 내일이 아니라 내가 살고 있는 현재에 집중하자는 의미입니다. 마음의 중심을 내가 살아있는 현재에 맞추고 오늘 하루를 충실하게 살아내는 마음가짐을 가질 수 있도록 스스로 돕는다는 의미를 지니고 있습니다.

두 번째, 오늘 나의 마음상태, 몸 상태, 기분 상태를 기록합니다. 생애 말기에는 몸과 마음의 변화가 급격하게 달라질 수 있습니다. 자신의 마음 상태나 감정 상태를 기록하는 것은 나를 객관적으로 관찰할 수 있는 기회를 제공해 감정 기복을 줄일 수 있게 도와줍니다. 몸 상태 역시 내가 느끼는 그대로를 기록해두면 나의 건강 상태에 대해 좀 더 객관적으로 파악할 수 있게 됩니다. 의료진에게 설명을 해야 할 때도 기록을 참고하면 더 정확하게 전달할 수 있고 의료진도 환자의 상태를 이해하기 쉬워지며 처치하는 데 도움을 받을 수 있습니다.

세 번째, 그날 있었던 중요한 일을 중심으로 하루일과를 기록합니다. 생애 말기는 기억력이 쇠퇴해져 중요한 일이나 기억할 일을 적어두지 않으면 잊어버리거나 놓치기 쉽습니다. 자신의 몸과 마음의 상태에 따라서 할 수 있는 일이나 할 수 없는 일이 달라집니다. 그래서 계획을 세워두면 내가 할 수 있는 일을 좀 더 쉽게 기억하고 실천할 수 있게 됩니다. 특히 다음날 일정을 미리 세워서 기록해 둔다면 남은 시간을 더 알차고 보람 있게 보낼 수 있습니다.

● 생애보

부모님의 인생을 얼마나 알고 있나요?

여러분은 부모님에 대해서 얼마나 많은 것을 알고 계시나요?

아버지에 대해서, 어머니에 대해서 아는 것을 적어보라고 하면 의외로 우리가 알고 있는 내용이 그리 많지 않다는 것을 깨닫게 됩니다. 우리 아버지와 어머니가 어릴 때 어떻게 자랐고, 또 무엇을 좋아했고 무슨 일을 했는지 등을 정확하게 아는 것은 쉽지 않은 일입니다.

나이 드신 분들께 "당신의 삶이 어떠했냐?"고 물어보면 "아이고, 나는 내세울 것도 없고 한 일도 없는데 무슨 할 얘기가 있습니까?" 하고 대답하시는 경우가 많습니다. 그러다 어느 정도 분위기가 풀어지고 술도 한잔하게 되면, "내 살아온 게 소설책 한 권 써도 모자랄 정도다" 하며 구구절절한 말씀들을 하십니다. 유명인사인가 아닌가는 전혀 중요하지 않습니다. 모든 사람의 삶은 소중합니다. 누구의 인생이라도 이 세상에 하나뿐인 귀한 삶이기 때문입니다.

생애보(生涯報, Life Report)는 내가 태어나서 늙었을 때까지의 모든 기록을 담은 것입니다. 언제 어디서 태어났는지, 어떤 과정 속에서 자랐는지, 자라면서 어떤 일에 관심이 있었는지, 어떤 생활을 했는지, 가정은 어떻게 이루었는지, 어떤 일을 했는지, 또 나이 먹어서 무엇을 좋아했는지 같은 사소하지만 소중한 삶의 흔적을 기록하는 것입니다.

지금 자녀들이 부모님을 모시고 살면서도 부모님들이 언제 어디서 태어나서 어떻게 자랐고 어떻게 가정을 이뤘고 또 어떤 일을 했고 무엇을 좋아했는지 정확하게 알기가 어렵습니다. 하물며 내가 세상을 떠나면 우리 자녀들의 자녀인 손주들은 무엇을 기억할 수 있을까요? 그래서 생애보는 내가 직접 기록하는 것이 좋습니다. 스스로 내 삶이 어떤 것이었는지 기록해야 합니다. 그 기록이 역사를 만들고 역사는 기록을 통해서 전달되기 때문입니다.

나중에 우리 자손들이 생애보를 보며 '우리 할아버지가, 우리 할머니가 이런 분이었고 이렇게 사셨구나' 하고 알 수 있을 것입니다. 생애보는 가족사를 만드는 과정이며, 생애보를 통해 나와 가족들은 한층 더 깊고 튼튼하게 연결되며 가족의 역사가 이어지는 것입니다. 평범하지만 세상에 하나뿐인 나의 삶, 잘 기록해서 자손에게 남겨주는 것은 정말 뜻있는 일 아닙니까?

생애보에 너무 많은 내용을 기록하려고 하거나 특별하고 대단한 것을 찾아 기록하려면 부담이 될 수 있습니다. 한 사람의 삶 그 자체가 소중하다는 생각으로 꼼꼼히 기록하는 것이 핵심입니다.

한 친구가 생애보 이야기를 듣더니 생애보를 몇 살쯤 쓰는 것이 좋겠냐고 묻기에 바로 지금이 생애보를 쓸 때라고 대답했습니다. 내가 살아온 삶을 한번 정리해 보는 것은 언제나 필요한 일입니다. 생애보는 내 인생을 최종 결산하는 일이 아닙니다. 현 시점에서 중간 결산을 하는 겁니다. 나의 삶을 다시 한 번 정리하게 되고, 또 남은 삶을 어떻게 살아야 될지 깊게 방향을 설정하는 계기가 될 것이기 때문입니다.

그러니 은퇴 시점이 되어도 좋고, 우리의 전통적인 나이의 기준으로 환갑이나 칠순을 맞이할 때 기념으로 내 삶을 한번 정리해서 기록으로 남겨보세요. 정리된 내 삶의 기록을 바탕으로 해서 남은 삶을 어떻게 살지 좀 더 진지하게 설계해 볼 수 있는 좋은 계기가 될 것입니다.

부모님께 생애보를 선물하세요

생애보를 만드는 몇 가지 방법을 소개합니다. 먼저 노인복지관 같은 곳에 가서 '엔딩노트' 또는 '인생노트' 만들기 프로그램에 참여하는 것입니다. 근처에 인생노트 만들기 프로그램을 진행하는 노인복지관이 없을 때는 서점이나 도서관을 이용할 수 있습니다. 서점에서 인생노트 만들기에 대한 책자를 구입하거나 도서관에서 대여한 후 책에서 안내한 방법대로 쓰면 됩니다.

만일 내가 직접 쓰는 게 자신이 없다면, 전문 작가에게 의뢰하는 방법도 있습니다. 작가에게 내가 어떻게 살아왔는지를 설명해주고, 작가가 그 내용을 정리하고 사진을 곁들여서 4페이지 혹은 8페이지의 소책자로 만드는 방법입니다.

이렇게 만든 생애보는 칠순 잔치나 팔순 잔치 때 기념으로 나뉘줄 수도 있습니다. 이런 일들을 전문적으로 하는 작가들은 〈사전연명의료의향서 실천모임〉이나 〈웰다잉 문화운동〉 같은 곳에서 활동을 하고 있습니다. 부모님의 생애보를 만들어서 특별한 날 선물로 드려보세요. 세상 무엇보다 감동적이고 귀한 선물이 될 것입니다.

많은 분들이 삶은 긍정적이고 좋은 것이고 죽음은 부정적이고 나쁜 것이라 생각하고 있습니다. 또, 자신의 죽음에 대해서 말하거나 글로 쓰는 것을 터부시하는 경향이 있다고 봅니다. 어르신들께 생애보나 엔딩노트에 관한 이야기를 꺼내는 것이 조심스럽기도 한 이유입니다. 대부분의 어르신들이 "먹고 살려고 애쓴 것밖에 없는데 뭐 쓸게 있겠어" 같은 반응을 보이시기도 합니다.

하지만 이런 생각이야말로 가장 먼저 버려야 합니다. 지금 70대 80대 어르신들을 생각해보세요. 전쟁부터 시작해서 옛날 그 가난한 보릿고개를 넘던 시절, 또 여러 자식들을 낳아 힘들게 기르고 가르치고 했던 그 사연들은 책 한 권을 쓰고도 남을 만한 인생 경험입니다.

후진국에서 최첨단 선진국까지 도약해 온 우리나라이기에, 그 사회를 살아낸 개개인들에도 삶의 자부심을 가질 만한 순간들이 분명히 있을 것이라 생각합니다. 그런 과거를 되돌아보고 기록으로 남기는 것은 정말 의미 있는 작업이며 스스로 치열하고 대단하게 살아냈다는 자부심을 느낄 수 있는 일입니다. 어느 정도 나이 드신 분이 자신의 삶을 잘 기록해 놓으면 생애보가 됩니다. 이분이 돌아가신 이후에는 이 생애보가 조문보가 될 수도 있습니다.

한 장례식장에 갔을 때 좋은 기억이 있습니다. 방명록을 적는 테이블 위에 고인의 사진이 박힌 4페이지짜리 인쇄물이 가지런히 놓여 있었습니다. 고인의 사진과 함께 이름이 적혀 있었고, 뒷장을 넘기면 고인의 인생을 간단한 약전으로 사진과 함께 기록해 놓았습니다. 바로 '조문보'였습니다. 첫 장을 보면서 고인의 성함부터 알게 되었고, 어떤 인생을 살아왔는지 정리한 글을 읽으며 마음으로 고인을 추모하게 되었습니다. 상주에게도 더 깊은 위로를 할 수 있었습니다. 짧은 기록이지만 조문보를 통해 모두 같은 마음으로 고인을 추모하게 될 것입니다.

실제로 사회적기업 〈은빛노트〉는 정신대문제대책협의회와 함께 정신대에 끌려가셨던 어르신들의 생애보를 만들어 드린 후, 이분들이 돌아가셨을 때 간단한 장례 정보를 넣어서 조문보로 사용하였습니다.

장례식장에서 조문보를 만나는 일은 흔하지 않습니다. 일반적으로 장례기간이 2박 3일인데 부모님이 저녁 때 돌아가신다면 사실상 하룻밤이 지나가서 1박 2일 동안 장례를 치르게 됩니다. 길면 이틀, 짧으면 하루에 장례가 치러지는데 상주가 장례를 치르면서 조문보를 제작하는 것은 무척 어려운 일입니다. 만일 생전에 생애보를 작성했다면 그 생애보를 조문보로 활용할 수 있습니다. 사전 제작한 생애보를 그대로 나눠주거나, 장례정보를 추가해 조문보로 활용할 수 있습니다.

조문보는 장례를 장례답게 만들어 줍니다. 고인에 대한 추모를 장례의 중심이 되게 이끌어줍니다. 고인의 생애를 간단하게 쓴 조문보를 읽으며 고인에 대한 기억을 떠올리며 마음으로 추모할 수 있습니다. 특별히 목사님이나 신부님, 스님을 모시지 않아도 가족과 친지들이 모여서 고인을 마지막으로 추모하는 모임을 할 수 있습니다. 내 삶을 잘 정리해서 기록으로 남겨 자식과 손주들에게 전달할 수 있다는 점에서 새로운 장례문화를 만드는 디딤돌이 될 수 있습니다.

웰다잉 문화가 확산되면서 죽음은 막연한 두려움이 아니라 인생의 한 여정으로 인식되고 있습니다. 조문보의 확산이 형식적인 장례문화를 바꾸고 죽음에 대한 긍정적인 인식을 형성할 수 있기를 기대합니다. 또한, 나를 돌아보고 기록하는 과정을 통해서 잃어버린 자존감을 세울 수 있는 중요한 시간이 되기를 바랍니다.

웰다잉 문화는 내 삶의 마무리에 관련된 다양한 문제들을 내가 책임 있게 결정하고 실천하자는 자기 결정권에 대한 인식과 실천이 핵심적인 가치입니다. 그런 점에서 내 삶의 의미를 내 스스로 발견하고 평가하는 과정이 필요합니다. 내 삶이 보잘것없고 무의미한 것이 아니라, 하나밖에 없는 삶이며 당당하고 소중하고 자랑스러운 것이라는 자긍심을 가지는 것이 중요합니다.

흔히 노년의 삶을 사는 데 가장 중요한 것이 경제적 조건이라고 말합니다. 우리 사회는 사회복지나 노년복지 등이 취약하기 때문에 경제력이 노년의 삶에 많은 영향을 끼칠 수 있습니다. 하지만 노년기 삶의 질을 결정하는 가장 중요한 조건은 다른 무엇보다 자기 삶에 대한 자존감과 자긍심을 가지는 것이라고 생각합니다. 우리 사회는 국제 기준이 정한 초고령 사회를 맞이하고 있습니다. 바야흐로 천만 노인 시대에 진입한 것입니다. 천만 노인들이 자신의 삶에 대해서 긍지와 책임감을 가지고 있을 때, 천만 국민이 삶의 주인으로 당당하게 살 수 있습니다.

나는 존재감도 없고, 할 일도 없고, 내 삶 자체에 아무런 의미를 찾을 수 없다고 스스로 포기한다면 우리 사회의 일원으로서 당당하게 살아가기가 얼마나 어려울까요? 그런 점에서 자존감의 확인과 회복이야말로 가장 필요한 일이 아닌가 생각을 합니다.

지금까지 노인들을 교통복지, 연금, 의료지원 등 복지와 돌봄의 대상으로만 생각하는 경향이 있었습니다. 우리 사회가, 특히 정부를 중심으로 한 공공부문이 노인들을 보는 시각을 바꿔서, 우리 사회의 주인공으로서 당당하게 자존감을 갖고 자신의 삶을 누려 갈 수 있도록 뒷받침해주는 것이 중요합니다. 웰다잉 문화운동의 역할도 여기에 있습니다.

05

다섯 번째 결정:
내가 원하는 추모

● 장례 문화

장례식장의 기억

어떤 분이 어린 손주에게 "너 '장례식' 하면 생각나는 게 뭐니?"하고 물었더니 "육개장 먹는 거요"라고 대답했다고 합니다. 아이다운 대답이기도 하지만 우리의 조문 풍경을 떠올려보면 아이는 그렇게 느낄 수도 있겠다 생각됩니다.

우리는 세상을 떠난 고인을 추모하려고 조문을 갑니다. 그런데 막상 상가에 가면 상주에게 인사를 하고, 지인들끼리 음식 먹고 술 한잔하고 이야기를 나누다 돌아오게 됩니다. 친구 아버지가 돌아가셔서 또는 친구 어머니가 돌아가셔서 조문을 가지만, 정작 그분들에 대해서는 아무것도 모릅니다. 만일 돌아가신 분이 어떤 분이고 어떤 삶을 살다가 가셨는지 알 수 있었다면 조금 더 진심으로 고인을 추모할 수 있을 것 같습니다. 우리의 장례식에 추모 문화가 없는 것은 참 안타까운 일입니다.

한국인들이 생각하는 좋은 죽음, 품위 있는 죽음은 어떤 모습일까요? 강명구 서울대 명예교수는 최근에 발간된 『준비하는 죽음 웰다잉 동향』에서 웰다잉에 대해, '대다수 한국인들이 생각하는 생애 말기 좋은 죽음은 내가 살던 집에서 가족들에게 부담을 주지 않고 가족들이 지켜보는 가운데 정신적 신체적 고통 없이 생을 마감하는 일'이라고 했습니다.

저도 '죽음을 어떻게 준비할까?' 생각해 봤습니다. 우선 사전연명의료의향서를 쓰고, 장례절차에 대한 내 뜻을 적어놓고, 또 유언장을 써서 내 뜻대로 내 삶이 마무리되기를 희망합니다.

한 가지 욕심을 부려본다면 평소에 좋아했던 사람들, 고마웠던 사람들, 사랑하는 가족들을 초대해서 조촐한 이별 파티를 여는 것입니다. 일본에서는 생전 장례식이라고 부르지요. 그런 이별 파티를 통해서 고마웠던 분들에게 고맙다고 얘기하고, 사랑하는 사람들에게 사랑한다고 얘기하는 기회를 갖고 이 세상을 이별할 수 있다면 얼마나 큰 축복이 될까요!

국회의원 아들이 장례식장에서 고른 물품

저는 10여 년 전에 어머니를 여의었습니다. 장례를 치르면서 생각보다 많은 것을 결정해야 했습니다. 수의와 관을 고르는 일도 그중 하나였습니다. 장례업체에서 수의를 쭉 보여주며 "이 옷은 국산 어디서 만든 건데 몇백만 원 하고…"을 시작으로 줄줄이 수의를 보여주기 시작했습니다.

가장 비싼 몇백만 원부터 시작해서 점차 가격이 싼 순서대로 옷을 보여주더니 거의 마지막 즈음에 "이것이 가장 싼 국산 수의인데 얼마이다. 그 다음으로는 중국산 수의가 있는데…" 하며 상대적으로 가격이 저렴한 수의를 보여주더니 그중 하나를 고르라고 했습니다.

어머니가 돌아가셔서 황망한 중에도 몹시 당황했습니다. 수의의 종류가 그렇게 많은지도 처음 알았을 뿐 아니라 갑자기 몇십만 원부터 몇백만 원짜리 수의 중 하나를 고르라니 정신이 하나도 없었지요. '우리 어머님 마지막 가시는 길인데 가격을 따질 일인가' 하는 생각이 들고, 한편으로는 '내가 명색이 국회의원 아들로서 어머님 보내드리는데 체면도 좀 생각해야지' 등 여러 생각이 들었습니다. 결국 어정쩡한 타협을 해서 국산 수의 중에 제일 싼 것으로 결정하긴 했습니다.

사람이 죽으면 그 후에 자식들이 싸울 일이 많이 생긴다고 합니다. 쉽게 떠올릴 수 있는 것이 상속재산을 두고 다투는 일입니다. 그뿐 아니라 장례 절차를 가지고도 싸움이 많이 일어납니다. 고인에게 직접 물어볼 수 없으니 자신이 생각하는 가장 좋은 방법을 얘기하며 다투게 되는 것입니다.

고인이 살아있을 때 미리 '수의는 이렇게, 관은 이렇게 해라' 하고 정해 두었다면 일어나지 않을 문제 아닙니까? 그래서 내 장례 절차나 방식을 스스로 정하는 일이 중요합니다. 떠나보내는 이에 대한 사랑 표현을 꼭 비싼 관이나 수의로 할 일은 아니라고 생각합니다. 차라리 좀 더 의미 있고 바람직한 일에 쓰는 것이 좋지 않을까요?

평소에는 잘 찾아오지도 않고 챙기지도 않던 자식이 나서서 "우리 어머니 이대로 못 보냅니다. 뭐든지 좋은 것으로 다 해 주십시오" 하고 나선다면 어쩔 수 없이 그대로 따라가야 합니다. 합리적인 결정을 하자고 제안하다가는 불효자식이 될까 싶어 말을 못 꺼내게 됩니다. 하지만 부모인 내가 스스로 결정해 놓는다면 이런 갈등들이 사라집니다. 불필요한 문제를 만들지 않기 위해서라도 미리 생각해보고 결정하십시오. 자식들이 고민할 일이 없어집니다.

사람이 세상을 떠나게 되면 밟아야 할 여러 단계의 절차들이 있습니다. 병원에 가서 사망 진단서를 받아야 되고 장례를 치러야 됩니다. 일반적으로 삼일 동안 장례를 치르는 것이 오랜 관습으로 굳어져 있습니다. 장례 절차를 마치면 시신을 장사합니다. 이때 매장을 할 것인지, 화장을 할 것인지 결정해야 합니다.

매장은 시신이나 유골을 땅에 묻는 아주 오래전부터 이어진 풍습입니다. 인류가 집단생활을 하면서부터 시작된 것으로 추정하는데 유럽에서는 구석기 시대에 이미 매장이 있었다는 게 고고학적으로 증명되었다고 하지요. 아주 오랫동안 확고하게 뿌리내린 장사 방법이 매장 문화였기에 매장에서 화장으로 바뀌는 것이 꽤 어려운 일이었습니다.

불과 이삼십 년 전만 해도 상주에게 화장을 할 거냐고 물어보는 것은 큰 실례였습니다. '오죽 힘들고 딱하면 화장을 할까'라는 생각이 사회적 통념이었습니다. 그런데 지금은 문화가 많이 바뀌었습니다. 있는 사람, 없는 사람, 잘난 사람, 못난 사람 기준으로 화장하고 매장하지 않습니다. 화장을 선택하는 비중이 90% 이상을 차지한다고 합니다. 화장 문화가 확실히 자리 잡은 것입니다.

화장 문화가 빠르게 자리 잡기까지 많은 분들의 노력이 있었습니다. 그중 대표적인 분이 앞에서도 잠깐 언급했지만 SK 그룹의 전신인 선경그룹 창업자인 고 최종현 회장님입니다. 평소에 "국토 면적이 좁은데 묘지가 너무 많다. 이대로 가면 큰일난다. 화장을 통해서 장례문화를 바꿔야 되겠다"고 말하던 회장님은 화장 문화 보급에 관심을 기울이며 자신이 죽으면 매장하지 말고 화장하라 는 유언과 함께 사재 500억을 기부해서 최첨단 화장장을 세우고 사회에 기증하였습니다.

재벌 총수로서 매우 이례적인 행보는 많은 대중들의 관심을 받았고, 화장 문화가 뿌리내리는 데 도움이 되었습니다. 이런 노 력이 있었기 때문에 지금은 많은 사람들이 당연히 화장을 하는 쪽 으로 바뀌게 된 것입니다.

화장이 새로운 장사방식으로 자리 잡은 것에 비해, 우리 장례 문화는 좀 많이 바뀌어야 될 필요가 있습니다. 최근 코로나도 겪 었고 그런 특별한 상황이 아니더라도 멀리서 조문객이 오기도 어 려운 상태가 있습니다. 그럴 때 사흘장을 다 치르는 게 나을지, 그 걸 하루나 이틀로 줄이면 어떨지, 또는 더 나아가서 아예 빈소를 차리지 말고 장례식 또는 추도식만 하는 건 어떨지 등에 대한 논 의가 많이 활발하게 이루어져야 합니다. 일부는 그런 노력들을 구 체적으로 실천하고 있습니다. 이번 기회에 우리도 장례 문화를 개 혁해보는 건 어떨까요?

내가 원하는 장례방법과 장례절차를 미리 작성하는 것은 삶과 죽음에 대한 나의 존엄과 바람을 밝히는 것입니다. 이별준비노트를 통해 내가 원하는 장례방법을 가족, 친구 등 지인과 미리 상의하고 준비한다면 남겨진 이들에게 큰 도움이 됩니다.

● 장사시설 이용 활자는 일반적으로 다음 A~D 중 한가지 방법으로 진행됩니다.

A	장례식장	→	화장시설 → 봉안시설
B	장례식장	→	화장시설 → 자연장지
C	장례식장	→	매장(묘지)
D	장례식장	→	봉안시설 → 요지

장례방법

1. 화장을 원하십니까? 매장(묘지)를 원하십니까?
   ① 화장   ② 매장(묘지)

2. 화장을 하신다면, 화장 후 어디에 안치되기를 원하십니까?
   ① 자연장지   ② 봉안(납골)당   ③ 기타 (   )

3. 자연장을 선택하셨다면, 원하는 자연장 형태는 어느 것입니까?
   ① 잔디형   ② 화초형   ③ 수목형(잔디)   ④ 수목형(나무)

장례식

1. 장례 기간
   ① 3일장   ② 5일장   ③ 7일장   ④ 기타 (   )

2. 장례 형식
   ① 전통(유교)식   ② 불교식   ③ 기독교식   ④ 천주교식   ⑤ 기타 (   )

3. 부고의 범위
   ① 특정 가족   ② 가까운 지인   ③ 최대한 많은 조문객   ④ 기타 (   )

4. 재단 장식·장례 용품
   ① 관례에 따라   ② 간소하게   ③ 호화롭게   ④ 기타 (   )

5. 부의금·화환
   ① 관례에 따라   ② 금액대로 제한   ③ 전체 받지 않음

6. 수의
   ① 관례상 입는 옷   ② 전통 수의   ③ 평복   ④ 기타 (   )

남기고 싶은 말

가족에게

내 장례식은 정숙하게 치루기를 원한다
부의금도 화환/영복은 절대 원하지 않는다
이 있으면 어려운 이웃을 돕는 일에 쓰이도록
기부하기 바란다

거리거리에 멀리에 산소에 묻어달라
산책에 이 세상을 떠나더라도
그들이 간간이 발을 하리라
그래서 산소하여
사랑한다

작성자: 김혜영/(서명) 김혜영   2024년 12월 1일

솔직한 마음을 담아 작성하셨으니, 위의 깊이 나의 마지막을 준비해 주시기 바랍니다.

또 제가 장례식을 보면서 마음으로 다짐하고 있는 것이 '내가 죽으면 수의를 따로 할 필요가 있겠냐, 평소에 내가 입던 이 양복 또는 한복 입고 마지막 작별 인사를 하면 우리 가족들이나 또는 친지들이 보기에도 더 친숙하고 좋지 않을까'입니다. 그래서 '나는 수의를 입히지 말고 평상시에 내가 좋아하던 옷을 입혀서 장례를 치러 달라'라고 사전장례의향서에도 쓰고 가족들에게도 당부하고 있습니다.

내가 원하는 추모방식

우리 사회는 죽음에 대한 준비를 거의 하지 않는 분위기이지만, 그래도 많은 분들이 '내가 죽을 때를 대비해서 준비했다'고 말씀하시는 것 중 하나가 영정사진입니다. 영정사진을 준비하는 것은 아주 좋은 일입니다. 나를 추모하기 위해서 오신 분들에게 내가 가장 보여주고 싶은 모습을 보여주는 것이니 얼마나 좋은 일입니까?

만일 내가 미리 준비해두지 않는다면, 자식들이나 장례를 준비하는 분들이 내 마지막 사진을 고를 것입니다. 그것도 급하게 구하고 만드느라 허둥대기 십상입니다. 그러니 다른 사람 손에 맡기지 말고 내가 고른 사진으로 추모객들을 맞이할 수 있도록 미리 준비합시다.

어느 장례식장에서 깊은 인상을 받았던 영정사진이 떠오릅니다. 고인이 상당히 젊었을 때 등산복을 입고 화사하게 웃는 모습을 영정사진으로 썼더라고요. 정장 차림의 긴장한 모습으로 정색을 하고 찍는 일반적인 영정사진만 보다가 고인의 아름다웠던 시절을 영정으로 접하니 참 좋았습니다. 나의 가장 즐겁고 아름다웠던 시절, 그 모습을 내가 마지막 떠나는 길에 가까운 분들에게 보여준다는 것은 무척 좋은 일인 것 같습니다.

동영상 준비도 마찬가지입니다. 요즘은 동영상을 제작하고 편집하는 것이 아주 쉬워졌습니다. 내가 직접 하지는 못하더라도 자식들이나 손주들은 금세 할 수 있을 것입니다. 그동안 내가 찍었던 동영상을 한 번 정리해놓으면, 내 살아온 생을 회고하고 또 같이 그 시절을 되새길 수도 있을 것입니다. 또 내가 보여주고 싶었던 내 인생의 아름답고 멋진 순간이나 보람 있었던 순간들을 모아서 장례식에서 보여줄 수도 있습니다. 조문 온 사람들에게는 고인이 제작한 영화를 보여주는 셈이니 얼마나 멋있는 일입니까!

제단의 꽃 장식도 내가 결정할 수 있으면 좋겠습니다. 내가 좋아하던 꽃을 미리 정해놓고 장식해달라고 부탁을 하면 아마 조문객 중에 일부지만 그래도 몇몇 사람은 '우리 언니가, 우리 형님이, 우리 아저씨가 또는 우리 선배님이 좋아하시던 꽃이 제단에 장식되어 있구나' 하고 추억하며 감회를 느끼는 소재가 될 것입니다.

추모식이나 음악도 마찬가지입니다. 내가 좋아했던 어느 작곡가의 무슨 음악, 어느 가수의 무슨 노래, 어느 시인의 시 같은 것들을 미리 골라서 장례식장에서 잔잔하게 틀어주면, 조문 온 분 중 몇몇 분은 '아, 고인이 사랑하던 시를, 음악을 내가 여기서 듣고 가는구나' 하고 그리움을 되새길 수 있을 것입니다.

제가 아는 분은 노래를 잘하는 친구에게 본인이 먼저 세상을 떠나면 자신이 좋아하는 노래 세 곡을 불러달라고 미리 부탁을 했다고 합니다. 노래 잘하는 친한 친구가 먼저 떠난 친구가 좋아했던 노래를 불러주는 장례식이라니, 참으로 근사하지 않습니까?

이렇게 내가 떠나가는 길을 내가 준비하는 것은 얼마나 멋진 일입니까! 자식의 손, 장례 전문가의 손에 맡기지 않고 내 뜻대로 장례를 치르기 위한 노력도 내 삶을 아름답게 마무리하는 데 꼭 필요한 일입니다.

생전 장례식

우리 사회에는 아직 낯선 일이지만 일본에는 사전 장례식이라는 것이 있습니다. 다르게 표현하면 생전 장례식입니다. 대한민국 장례 명장 1호 유재철 원장은 '생전 이별식'이리고 부릅니다.

내가 살아있을 때 그리고 머지않아 죽음이 임박해 오는 것이 예견될 때 평소에 가까웠던 분들을 모시고 내가 대접하면서 "그동안 감사했습니다. 여러분 덕분에 제가 지금까지 이렇게 행복하게 생활하고 일할 수 있었습니다" 하고 감사의 잔치를 베푸는 것, 이건 참 좋은 일입니다. 내 뜻대로 내 삶을 정리하고 감사한 분들에게 또 사랑하는 분들에게 그 감사와 사랑의 뜻을 전하는 일은 아주 의미 있는 일이라고 생각합니다.

사랑과 용서의 마음을 전하는 마지막 시간

많은 사람들이 부모님이 세상을 떠날 때 남겨준 한마디 '사랑한다, 고맙다, 미안하다'라는 말을 가슴에 간직하고 삽니다. 우리가 세상을 떠날 때 사랑하는 사람들에게 꼭 하고 싶은 얘기가 있다면 혹은 듣고 싶은 얘기가 있다면 미리 그런 시간을 잘 준비하고 실천해야 합니다.

영화 〈러브 스토리〉의 명대사 "사랑한다면 미안하다고 말할 필요가 없는 거예요"를 아십니까? 영화에서는 멋진 장면이지만 우리 삶에서는 그렇지 않습니다. 사랑한다면 사랑한다고 얘기해야 합니다. 미안하다고 얘기해야 하고, 고맙다고 얘기해야 합니다. 그런 기회를 놓친다면 사랑하는 사람과 이별했을 때, 교류할 수 없는 단절된 관계가 됐을 때, 또는 세상을 떠날 때 후회하는 일이 생깁니다. 사랑하는 사람과의 이별에도 준비가 필요합니다. 사랑한다고 얘기해야 합니다. 미안하다고 얘기해야 합니다.

그런데 이것이 저절로 되는 게 아닙니다. 준비해야 합니다. 여러분이 '다섯 가지 결정'을 적어놓을 때 '나는 누구누구를 사랑하고 모든 일을 용서하며 그리고 용서받기를 원하는 내 마음을 전하고 싶다'고 표시해 놓는 것도 좋은 방법입니다.

버킷리스트를 써보는 것도 추천합니다. 버킷리스트는 내가 죽기 전에 꼭 하고 싶은 일, 해야 할 일들을 적은 기록입니다. 이렇게 구체적으로 하고 싶은 일의 목록을 만들다 보면, '아무래도 이 친구, 이 사촌 형, 또는 이 후배는 꼭 내가 시간 내서 만나 고마웠다거나 미안했다 얘기를 해야겠구나' 하는 생각을 하게 됩니다.

목표가 있으니 당연히 실천하기도 더 쉬워집니다. 생애 마지막 나의 진심을 전하기 위한 시간과 기회를 만들어야 합니다. 내 삶을 정리하며 '감사합니다. 사랑합니다'라고 전할 수 있는 기회를 만드는 일은 무엇과도 바꿀 수 없는 귀중한 일입니다.

생전 장례식, 그 아름다운 이별식

"제 장례식에 초대합니다. 평상복을 입고 참석해주세요. 조의금은 받지 않습니다."

이렇게 신문에 자신의 생전 장례식을 치르겠다며 광고를 낸 사람은 일본 건설기계 분야 1위 기업 고마쓰의 전 사장이었던 안자키 사토루 씨였습니다.

사토루 씨는 80세에 암 진단을 받았지만 연명의료를 포기하고 건강한 상태에서 사람들에게 마지막으로 인사하기를 택했습니다. 사토루 씨는 호텔을 섭외하고, 고향인 도쿠시마의 전통춤 공연을 기획하고, 인사를 나누고 싶은 지인들을 자신의 장례식에 초대했습니다. 가족, 친척, 친구, 반려동물, 전 직장 동료 등이 생전 장례식에 참석했고, 사토루 씨는 참석자들에게 고마움을 전하며 즐거운 시간을 보냈습니다.

이 같은 생전 장례식은 일본에서는 종종 소개되는 사례로, '우리 사회에 적극적으로 도입해 보면 어떨까' 하는 생각이 드는 장례 문화입니다. 생전 장례식이란, 내가 살아있지만 머지않아 죽음이 임박해 오는 것이 예견될 때, 평소 가까웠던 분들을 모셔서 대접하며 마지막 인사를 나누는 이별 파티 같은 것입니다. 모든 사람이 사토루 씨처럼 성대하게 할 수는 없을 것입니다. 조촐한 장소에서 평소 가깝게 지내던 지인과 사랑하는 사람들을 모시면 어떨까요?

우리 사회의 전통적인 장례는 우리의 오랜 풍습과 문화의 소산이니 지켜야 한다고 생각할 수도 있습니다. 하지만 내가 세상을 떠나기 전에 내 삶을 정리하고, 감사할 분들에게 또 사랑하는 분들에게 감사와 사랑의 뜻을 전하는 일도 아주 의미 있는 일입니다. 나의 가족, 친구, 이웃에게 내 감사의 마음, 사랑의 마음을 전함으로써 그 사람과의 관계가 내가 세상을 떠난 뒤에도 아름답게 유지될 수 있을 것입니다.

살면서 경험하는 이별 중에 가장 힘든 이별은 사랑하는 사람을 떠나보내는 순간입니다. 그런데 눈물이 아닌 웃음으로 헤어짐을 선택한 가족이 있습니다. 홍민정 작가의 장편동화 『모두 웃는 장례식』에 등장하는 가족들인데, 말기 암 환자인 할머니와 이별을 준비하는 13살 손녀 윤서의 이야기를 담고 있습니다.

시장에서 한복집을 하며 4남매를 키워낸 할머니는 어느 날 암에 걸렸다는 진단을 받습니다. 오랜 입원생활을 했지만 생이 얼마 남지 않은 시점에서 할머니는 병원을 나와 집으로 돌아왔습니다. 그리고 가족들에게 돌아오는 생일에 생전 장례식을 치르겠다고 합니다.

"나 죽은 뒤에 우르르 몰려와 울고불고한들 무슨 소용이야. 살아 있을 때, 누가 누군지 얼굴이라도 알아볼 수 있을 때 한 번 더 보는 게 낫지."

할머니는 이렇게 소원을 말했고, 윤서 가족은 할머니의 소원대로 생전 장례식을 준비합니다. 생전 장례식 2주를 앞두고 아빠는 신문에 할머니의 생전 장례식 광고를 내고, 고모는 결혼할 사람이라며 남자친구를 데려와 인사 시키고, 윤서는 친구들과 함께 시장 상인들의 인사말을 동영상으로 촬영해 편집하는 등 할머니의 생전 장례식을 위해 분주히 움직입니다.

할머니의 생전 장례식이 열리는 날, 뿔뿔이 흩어져 있던 친척과 지인들이 한자리에 모이고 잔치 같은 장례식이 시작되었습니다. 이 날의 주인공인 할머니는 평소 좋아하던 도라지 꽃 무늬가 있는 한복을 곱게 입었습니다. 그리고, "이번 생에 내 친구로, 이웃으로 만난 여러분 덕분에 참 행복했어요. 내 자식으로 태어나 준 우리 아들딸, 손자, 손녀한테 너무 고마워요. 다음 생이 있다면 우리 그때 또 만나서 더 많이 사랑하며 살아요"라며 자신의 장례식에 참석한 사람들에게 웃으며 인사합니다.

윤서 할머니네 이야기처럼 실제로 우리 주변에도 동화 같은 생전 장례식을 치른 사람들이 있습니다. 그중 한 분을 소개하겠습니다.

여든다섯 살의 김병국 씨는 전립선암이 전신에 퍼져 더 이상 치료가 불가능하게 되자 살아있는 동안 본인의 장례식을 열기로 했습니다. 김병국 씨는 자신의 이름으로 직접 작성한 부고장을 보냈습니다.

죽은 다음 장례는 아무 의미도 없습니다.

임종 전 지인과 함께 이별 인사를 나누고 싶습니다.

검은 옷 대신 밝고 예쁜 옷을 입고

함께 춤추고 노래 부릅시다.

- 고 김병국 씨가 직접 쓴 부고장 중에서

자신의 병실이 있는 동부병원 3층 복도 끝 세미나실로 장례식장을 정해서, '나의 판타스틱 장례식'이라는 간판을 세우고, 풍선과 화사한 꽃들로 채웠습니다. 조문객들은 차례로 나와 김 씨와의 추억을 이야기했고, 김 씨는 마이크를 잡고 평소 좋아하던 '아침 이슬'과 '이사 가는 날'을 불렀습니다. 장례식을 마치자 김 씨는 웃으며 조문객들을 한 번씩 안아준 뒤 자신의 병실로 돌아갔습니다. 김 씨의 생전 장례식에 참석했던 사람들은 그 시간을 좋아하는 사람들과 함께 모여서 아름답게 이별을 한 의미 있는 시간으로 오랫동안 기억하고 있습니다.

2019년 세상을 떠난 이희호 여사도 생전 장례식을 치렀습니다. 이희호 여사는 "죽고 나서 장례 지내면 뭐하나, 살아 있을 때

작별 인사를 해야지" 하며 평소 입던 옷을 입고 지인들과 좋아하는 노래를 부르고 대화를 나눴다고 합니다. 또 생전에 "우리 국민들께서 남편 김대중 대통령과 저에게 많은 사랑을 베풀어 주신 것에 대해 감사하다. 하늘나라에 가서 우리 국민들을 위해, 민족의 평화통일을 위해 기도하겠다"는 유언을 남겼습니다.

내 삶을 잘 정리하는 일의 핵심인, 감사와 사랑을 전할 기회를 만드는 일은 정말 소중하고 귀한 일입니다. 그런 의미에서 생전 장례식은 죽은 고인을 기리는 일반적인 장례식과 다르게 마음을 전하고 또 주고받을 수 있다는 점에서 새로운 장례 문화로 권장하고 싶습니다.

생전 장례식과 나의 작은 소망

최근 우리 사회는 비혼주의와 노인인구의 증가로 핵가족 형태가 변하고 1인 가구가 증가하고 있습니다. 1인 가구가 늘어나면서 노년층뿐 아니라 청장년층 역시 자신의 죽음을 보다 구체적으로 상상하고 계획하게 되었습니다.

또, 죽음을 삶의 일부로 인정하고 스스로 원하는 죽음을 능동적으로 준비하는 웰다잉 문화에 관심을 가지면서, 전통적인 장례식 대신 자신의 죽음을 적극적으로 상상하고 준비하는 사람들이 늘어나고 있습니다. 그래서 다음과 같은 구체적인 풍경을 만들어 내기도 합니다.

"나의 장례식은 병원 대신 내가 살던 집에서 하면 좋겠다. 드레스코드는 내가 좋아하는 초록색이나 보라색으로 하고, 내 플레이리스트에 있는 음악을 틀어주면 좋겠다. 장례식 식순을 미리 정해서 진행을 맡길 친구에게 전하겠다."

〈취업포털 커리어〉가 직장인 370명을 대상으로 '생전 장례식'에 대한 설문조사를 진행한 결과, 응답자의 69.2%가 '생전 장례식에 대해 긍정적으로 생각한다'고 답했다고 합니다.

그 이유로는 '장례식이 꼭 슬픈 분위기일 필요는 없기 때문에 (44.9%)'가 가장 많았고 '많은 사람과 작별 인사를 나눌 수 있어서 (27%)', '현재 장례식들은 허례허식이 많아서(18%)' 등을 들었습니다. 이어 '실제로 국내외에서 진행된 생전 장례식의 초대장 내용 중 가장 공감되는 사항'에 대한 질문에는 응답자의 절반 이상이 '검은 옷이 아닌 알록달록한 예쁜 옷을 입고 올 것(53.9%)' '축제처럼 함께 노래하고 춤출 것(27.7%)' '부의금이나 선물은 받지 않을 것(18.4%)'을 꼽았습니다.

그래도 생전 장례식은 우리에겐 아직 익숙하지 않은 행사입니다. 만일 생전 장례식에 초대를 받는다면 어떨까요? 낯설고 어색하거나 마음이 무거울 수 있습니다. 하지만 생전 장례식을 치른 사람들의 경험담을 살펴보면 슬프고 어두운 분위기보다는 밝고 유쾌하고 아름다운 분위기의 장례식이었음을 알 수 있습니다. 따뜻하고 밝은 미소로 생전 장례식의 주인공에게 평생 기억에 남을 작별 인사를 할 수 있으면 좋겠습니다.

저에게 작은 소망이 있습니다. 보다 많은 사람들이 생전 장례식에 관심을 갖고 실천하고, 제가 생전 장례식을 컨설팅해 드리는 것입니다. 장례식이 꼭 어두울 필요는 없지 않습니까? '생전 장례식'이라는 이름이 무겁게 느껴진다면 '생전 환송식' 또는 '생전 감사 모임' 같은 이름으로 바꾸어 부르면 됩니다. 보타이를 매고 생전 장례식의 사회를 보는 제 모습을 꿈꿔봅니다.

에필로그

천만에 가까운 베이비부머 세대가 은퇴기를 맞이하고 노년기에 접어들고 있습니다. 수백만 년 인류 역사 속에 처음으로 등장한 장수 시대에 노인이 된 이들은 롤 모델이 없습니다. 선례 없이 노인이 돼서도 한 세대를 더 살아야하니 신노년의 불안이 클 수밖에 없습니다. 이들이 80대에 접어들기까지 앞으로 10년간 웰다잉 문화가 우리 사회에 제대로 자리 잡아야 합니다.

아름답고 존엄하게 삶을 마무리할 수 있도록 법과 제도를 만들고 스스로 준비하는 웰다잉 문화를 조성하는 일이 시급합니다.

모든 사람이 지금까지 삶의 주인공으로 살아온 것처럼 마무리도 삶의 중요한 과제로 인식하고 스스로 결정하는 사회 문화를 만들어야합니다.

준비하지 못한 채 닥쳐오는 미래에 떠밀려가는 사회가 아니라 자신의 삶에 대해 결정권을 가지고 고민하고 준비하는 품격 있는 사회가 되기를 기대해봅니다. 천만 노인이 아무 생각 없이 '이러다 죽는 거지'라며 체념하고 살아가는 사회와 내 삶의 주인으로서 담담하게 자기 결정권을 실천하는 사회의 품위와 활력이 같을 수 없지 않겠습니까?

폴 발레리가 말한 "생각하면서 살아라. 아니면 사는 대로 생각하게 될 것이다"라는 경구가 떠오릅니다. 우리 삶이 아름다웠듯이 그 삶의 마무리도 아름답게 만들어야합니다.

웰다잉 문화운동을 하면서 제가 생각하고 있는 것, 알게 된 것을 세상과 나누기 위해 책을 쓰기로 결정한 것은 하얀 벚꽃이 피던 봄입니다. 그런데 마치는 글을 쓰고 있는 지금, 계절은 벌써 가을로 접어들었습니다. 이 책이 출간될 즈음엔 찬 바람에 옷깃을 여미게 되겠지요. 지독히도 무덥던 여름엔 이 더위가 과연 지나갈까 생각했는데 계절은 참으로 놀랍게도 어김없이 찾아옵니다.

인생도 그렇습니다. 나에게 노년의 시기가 올까 싶었는데 어김없이 노년의 시기에 접어들었고, 언젠가 죽음도 그렇게 찾아오겠지요. 누구에게나 반드시 찾아올 노년의 시기와 죽음, 이 두 가지를 미리 준비하고 계획하는 사람이 결국 아름다운 삶을 살고 아름다운 마무리를 할 것입니다. 그것은 자명한 이치입니다.

그런 아름다운 마무리를 위해 이기적인 결정을 할 것을 권합니다. 나를 위한 이기적인 결정이 결국엔 내가 가장 사랑하는 가족과 그리고 내가 살아온 이 사회를 위하는 가장 이타적인 결정이 될 것이기 때문입니다.

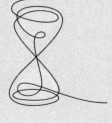

_____

반려동물과 펫로스

"충분히 슬퍼하세요.
그리고 일어나세요!"

● 반려동물과의 마지막 소풍 준비

우리나라 4가구 중 1가구는 반려동물을 키우고 있다고 합니다. 자녀들이 장성해서 독립한 후 부부만 사는 가구나 1인 가구가 많아지다 보니 외로움을 달래기 위해 반려동물을 기르는 가구가 많아진 듯합니다.

중국 광저우 중산대 연구팀에 의하면 독거노인이 반려동물을 길렀을 경우 언어 기억력과 언어 유창성의 저하 속도를 늦춰줄 뿐 아니라, 정서적으로도 좋은 영향을 미친다고 합니다.

저도 진돗개와 풍산개 사이에서 태어난 반려동물을 키우고 있습니다. 사실 저는 조금이라도 늦게 일어나고 싶어 꼼지락거리는 것을 좋아하는데, 저희 개가 내버려두지 않습니다. 외출하기 전에 개를 운동시키고 용변도 보게 해야하니 늦잠을 잘 수도 게으름을 피울 수도 없습니다. 비가 오나 눈이 오나 하루도 빠짐없이 아침 시간에 산책을 가야하니 어쩔 수 없이 일찍 일어나 규칙적으로 산책을 가게 됩니다. 게으른 내가 은퇴 후에 아침마다 규칙적인 운동을 하게 된 것이 이 녀석 덕분이라 생각하면 참 감사하고 복 받은 일이라고 생각합니다.

참된 사랑은 아무런 조건 없이 상대를 있는 그대로 받아들이는 것이라고 하지요. 인간이라면 누구나 있는 그대로 받아주는 진정한 사랑을 원하지만, 현실에서 조건 없는 사랑을 경험하기란 참 어렵습니다. 그런 점에서 반려인들은 행운아라고 할 수 있습니다. 반려동물을 키우기 전에는 결코 알 수 없었던, 조건 없는 사랑을 직접 경험할 수 있으니까요.

그런 경험이 시간이 흘러가며 켜켜이 쌓이면 반려동물은 혈연보다 더 가까운 가족이 됩니다. 하지만 반려동물이 주는 기쁨과 함께 반드시 생각해야 하는 것은 언젠가 그들을 떠나보내게 된다는 사실입니다. 반려동물을 대표하는 개나 고양이의 평균 수명은 15~20년 사이입니다. 죽음은 생각보다 빨리 찾아옵니다. 반려동물과 함께 살면 언젠가 크나큰 상실의 고통을 겪을 수밖에 없습니다. 반려인이라면 어쩔 수 없이 맞아야 하는 시간이 바로 사랑하는 반려동물과의 이별입니다.

반려동물과의 이별을 받아들이는 일은 얼마의 시간이 필요할까요? 〈웰다잉 문화운동〉과 〈애니멀피플〉 〈공공의 창〉 〈한국엠바밍〉이 함께 진행한 '한국 반려동물 장례 인식 조사'에 따르면 펫로스 증후군을 경험했다고 응답한 267명이 슬픔에서 벗어나 일상을 회복하는데 걸린 시간은 평균 2년(732.2일)이었다고 합니다.

반려동물 장례업체에서 일하는 지인이 들려준 이야기가 있습니다. 반려동물의 장례를 치르며 반려인들이 가장 많이 하는 말은 '미안해'라고 합니다. 반려인들이 미안해하는 큰 이유 중 하나는 반려동물의 죽음을 예측하지 못하고 급작스럽게 마지막을 맞이하기 때문일 수 있습니다. 사랑하는 반려동물이 마지막 소풍을 떠나기 전 함께 보낼 수 있는 마지막 시간을 후회 없이 아름답게 보내려면 어떻게 하는 것이 좋을까요? 반려인들이 반려동물의 웰다잉을 준비하는 것이 필요합니다.

반려동물은 세상을 떠나기 직전 어떤 증상과 행동을 보일까요? 반려동물에게 마지막 시간이 다가옴을 알아차릴 수 있는 가장 흔한 신호는 신체 변화입니다. 식욕이 없어지고 음식과 체중이 감소하며 물과 음식을 먹지 않게 됩니다. 아무것도 먹지 않는 반려동물이 염려스러워 강제 급여를 해보기도 하지만 입에 넣어준 음식을 삼키지 못한다면 마지막 시간이 다가왔음을 알아야 합니다. 그럴 때는 무리하게 먹일 필요가 없습니다.

또 움직이려 하지 않고 종일 누워만 있는 것입니다. 산책을 좋아하던 반려동물이 밖으로 나서려고 하지 않고, 가족이 오면 꼬리를 흔들며 달려 나오던 반려동물이 외출 후 돌아와도 반가움을 표시하지 못하게 됩니다.

반려동물의 죽음이 다가왔음을 알리는 신호 중 눈에 띄는 것이 있습니다. 바로 급격하게 체온이 떨어져 몸이 차가워지는 것입니다. 배와 다리를 만져봤는데 몸이 차갑다면 마지막 순간이 아주 가까워진 신호입니다. 그럴 때는 반려동물이 춥지 않도록 난로를 켜거나 실내 온도를 높여주고 담요를 깔아주는 것이 좋습니다.

대소변을 가리지 못하는 것도 임종의 증후입니다. 깨끗한 기저귀를 대주고, 물티슈로 몸에 묻은 오물을 깨끗이 닦아주면서, 몸의 자세를 최대한 자주 바꿔주는 게 좋다고 합니다. 임종을 앞둔 동물들이 가장 많이 보이는 행동 중 하나가 어두운 곳에 숨으려는 것입니다. 야생의 본능 때문인지, 사랑하는 가족에게 마지막

부록 **반려동물과 펫로스**

을 보여주고 싶지 않기 때문인지, 조용하고 어두운 곳에서 안정감을 느끼기 때문인지 정확하게 알 수는 없습니다. 만약 나이 든 동물이 계속 어둡고 조용한 곳으로 숨으려고 한다면 억지로 꺼내는 대신 주변 환경을 조용히 정리해서 편안하게 만들어 주는 것이 좋습니다. 컴컴하고 조용한 곳에 이불을 펴서 최대한 편안하게 몸을 감싸주세요.

죽음을 맞이할 징후가 보인다고 당황해서 소리치거나 큰 소리로 울면 반려동물이 불안할 수 있습니다. 대신 가만히 옆에 앉아서 쓰다듬거나 침착하고 조용한 목소리로 함께 행복했던 시간들을 돌아보고 '그동안 함께해줘서 고마워' '사랑해' 같은 말을 들려주는 것이 좋습니다. 평소 좋아하던 장난감을 가져다주는 것도 반려동물이 심리적 안정을 얻는 데 도움이 된다고 합니다.

사람과 마찬가지로 동물들도 병원보다는 집에서, 사랑하는 가족의 품 안에서 죽기를 원합니다. 말기암 같은 병으로 극심한 통증을 느끼는 반려동물을 병원에 입원시키는 경우, 동물은 연명의료보다는 집에 돌아가길 원하기 때문에 혼신의 힘을 기울여 잠깐 기력을 회복하는 경우도 있다고 합니다. 그렇게 집에 돌아와 며칠간 회복하여 이별을 두려워하는 가족들을 안심시키고 돌연 사망하기도 합니다. 특히 개들에게서 그런 경우가 많다고 하네요. 사람보다는 동물이 죽음 앞에 더 의연한 것 같습니다.

마지막 순간에 안락사를 논의할 때도 있습니다. 우리나라에서 동물의 안락사는 가능합니다. 스스로 호흡을 하지 못해 산소 공급을 해줘도 호흡하기가 힘들어질 때, 중병 말기로 강력한 진통제를 썼는데도 통증이 가라앉지 않을 때, 배변과 배뇨를 하지 못해서 강제로 시도해도 실패하거나 너무 힘들어할 때, 식욕이 없어져 입에 넣어준 음식을 거의 삼키지 못할 때 안락사를 고민하게 된다고 합니다. 동물들도 나을 수 없는 질병으로 고통스러운 시간을 보내는 것보다 좋은 죽음이 나을 수 있다는 생각이겠지요.

문제는 반려동물은 스스로 안락사를 결정할 수 없다는 것입니다. 결국 보호자가 수의사의 의견을 참고해서 안락사 여부를 결정해야 합니다. 만일 치료할 수 없는 질병으로 반려동물 삶의 질이 너무 낮아진다면 수의사의 의학적 견해를 참고해서 안락사를 선택할 수 있습니다. 사실 안락사는 해도 후회, 안 해도 후회라고 합니다. 그만큼 안락사의 시점을 선택하기가 어렵기 때문이겠지요. 그래서 저는 안락사를 시킬 것인가 말 것인가를 고민하는 것보다는, 죽기 전에 조금이라도 좋은 추억을 쌓으려고 노력할 것을 권합니다.

반려동물의 장례와 펫로스

사람이 죽으면 상조 서비스에 연락하면 되지만, 반려인들은 무엇을 어떻게 해야할지 난감할 수 있습니다. 그래서 반려동물을 입양할 때부터 기초적인 사체 수습 방법과 반려동물의 장례를 치르는 방법에 대해 미리 알아두는 것이 좋습니다.

현행법상 합법적인 동물의 사체 처리 방법은 세 가지 방식으로 이루어집니다. 폐기물관리법에 따라 생활쓰레기로 쓰레기봉투에 담아 배출하는 방식, 동물병원에 의뢰해서 처리하는 방식, 농림축산식품부에 등록된 동물 장묘업체를 통해서 장례를 치르는 방식입니다. 그 외에 땅에 묻거나 이동식 장묘업체 등을 이용하는 것은 불법으로 규정하고 있습니다. 하지만 반려동물과 함께 사는 인구가 늘어나면서 반려동물 사체 처리 방식이나 장례 정책에 대한 개선 및 보완이 필요하다는 지적이 계속되고 있습니다. 동물 장례식장에 대한 정보를 제공하고, 화장장을 유치하는 것이 필요합니다. 조금 전까지 사랑하는 가족이었던 반려동물의 사체를 생활쓰레기로 규정하고 처리하는 조항도 폐지되어야 합니다.

그렇다면 반려동물이 떠났을 때 어떻게 장례를 치러야 할까요? '한국 반려동물 장례 인식 조사'를 보면 반려동물의 죽음을 경험한 반려인 중 27%가 장묘시설을 이용한다고 응답했습니다.

반려인 대다수는 반려동물의 사체를 쓰레기봉투에 담아 폐기물로 처리해야 한다는 사실을 잘 모르고 있습니다. 설사 안다고 해도 원하지 않습니다. 그래서 대부분 자기 소유의 땅이나 산속에 매장하는 경우가 가장 많다고 합니다. 동물병원에 의뢰하면 단체 화장을 하게 되는데 이 또한 다른 동물의 유골과 섞일까봐 이용을 꺼리는 경우가 많다고 합니다. 그래서 반려동물 장묘시설을 이용하는 사람들이 늘어나고 있습니다.

반려동물과 함께 사는 인구가 늘어나면서 세상을 떠나는 반려동물들도 늘어나고 있습니다. 하루에 1100여 마리의 반려동물이 세상을 떠나고 있다고 합니다. '한국 반려동물 장례 인식 조사'에서 동물의 죽음을 경험한 반려인들이 가장 부족하다고 느낀 점으로 손꼽는 것은 장례식장 등 정보 부재(33%)였습니다. 자신의 반려동물이 사망한 후 시체가 부패할까 봐 부랴부랴 매장한 반려인들이 같은 상황에서 다른 이들이 추모의 장을 마련해서 사흘장을 치러 주었다는 말을 들었을 때 어떤 감정을 느낄까요? 가족 같은 자신의 반려동물의 마지막을 성의 없이 보낸 것 같아 후회와 자책감이 들 수밖에 없을 것입니다. 성의를 다해 장례를 치르고 싶지만 장례에 대한 정보가 부족해서, 혹은 가까운 지역에 동물 장묘시설이 없어서 못하는 경우도 많습니다.

최근에는 동물 장묘업체가 늘어나면서 이에 따라 이용하는 반려인들도 점점 늘어나고 있습니다. 합법적인 업체를 이용하려면 포털을 통해 '동물 장례 정보' 검색을 추천합니다. 장례비용을 포함한 이용 방법들이 잘 안내되어 있습니다. 일반적으로 24시간 상담이 가능하고, 동물 장례지도사가 장례 절차를 친절하게 안내해 주며, 유골을 안치하는 봉안당까지 갖춘 업체도 있으니 이용 후기가 많고 평가가 좋은 업체를 미리 알아 둔다면, 반려동물이 떠나도 당황하지 않고 많은 도움을 받을 수가 있습니다.

사실 서울을 비롯한 많은 지역에 동물 장묘시설이 없습니다. 반려동물을 가족으로 여기는 문화에는 공감하면서도 장묘시설은 기피하기 때문입니다. 지자체가 장묘시설을 건립하려고 해도 주민 반대에 부딪혀 무산되는 경우가 많다고 합니다. 사람 장례식장 건립도 반발이 큰데 동물의 장묘시설은 더 어려운 것이 현실입니다.

이웃나라 일본은 반려동물도 화장과 매장이 가능하다고 합니다. 사람과 같이 절에 안치하기도 합니다. 도쿄의 천태종 사찰인 '진다이지'에는 반려동물 추모탑이 있습니다. 1996년에 조사한 일본의 반려동물 기념공원 수는 460여 곳이 넘습니다. 반려동물 기념공원이란 반려인들이 세상을 떠난 반려동물의 장례식을 치르고, 묻은 후 종종 방문해서 추모할 수 있는 장소를 말합니다. 이런 공원들은 보호자에게는 저렴한 비용으로 화장 서비스를 제공하며 여건에 따라 수목장, 납골당, 묘지 등 다양한 형태의 장례를 선택할 수 있도록 해주고 있습니다.

미국도 대부분의 주에 반려동물을 위한 공동 장묘시설이 마련
되어 있습니다. 운영 주체에 따라 사설이나 공설 묘지가 있고, 비
영리단체가 운영하는 곳도 많이 있다고 합니다. 다만 공동묘지라
고 해서 합장하거나 유해를 묻는 것이 아니라 추모 비석을 세우거
나 발 도장 같은 기념물을 제작해서 설치하는 방식으로 운영하고
있다고 합니다.

국내에서는 2021년 7월 전북 임실이 국내 최초 반려동물 추모
공원 '오수 펫 추모공원'을 개장했습니다. 화장로, 추모시설, 수목
장지와 함께 반려인을 위한 추모실, 입관실, 참관실, 봉안당, 산책
로를 갖추고 있습니다. 제주도에서도 애월읍 일대에 동물 장묘시
설과 반려동물 놀이터, 동물 보호센터를 포함한 반려동물 복지문
화센터를 조성할 계획이라는 발표가 있었습니다.

모든 반려인이 반려동물의 죽음과 장례를 경험할 수밖에 없습
니다. 그런 이유로 누구나 반려동물 장례를 치를 수 있도록 쉽고
간편한 절차로 진행되어야 합니다. 일부 계층만 누리는 문화로 좁
게 자리 잡지 않도록 공공 시스템 확충과 함께 장묘업체들의 문턱
낮추기가 중요할 것 같습니다.

부록 반려동물과 펫로스

● 충분히 슬퍼하고 일어나기

～✦✧✦～

살아있는 동물 친구, 혹은 죽음을 앞둔 동물 친구에게서

내가 받을 수 있는 최고의 교훈은

살면서 매 순간 깨어 있고, 매 순간 감사하고,

매 순간 행복하라는 것입니다.

- 리타 레이놀즈, 미국 동물보호소 창시자

오랫동안 한집에서 같이 살면서 일상의 기쁨과 위안을 함께 하던 존재가 갑자기 사라졌을 때를 상상해 보십시오. 얼마 전에 지인이 10년을 함께 산 반려견 포메라니안을 떠나보냈습니다. 흑색병에 걸려 8개월을 앓다가 죽었는데, 당시의 슬픔이 10여 년 전 자기 어머니가 죽었을 때보다 더 슬펐다고 말하더군요. 한 달이 지난 현재까지도 집 안 구석구석에 남겨진 흔적을 보면 눈물이 난다고 합니다.

미국 수의사회(AVMA)에 따르면 반려동물이 죽었을 때 느끼는 슬픔은 가장 가까운 사람이 죽었을 때의 슬픔과 비슷하다고 합니다. 남성은 친한 친구를 잃었을 때와 같은 슬픔을, 여성은 자식을 잃었을 때와 같은 슬픔을 느낀다고 합니다. 이처럼 반려인에게 반

려동물의 죽음은 모든 일상을 뒤흔드는 일대 사건이지만, 그 슬픔은 사회적으로 인정받지 못합니다.

그래서 많은 반려인들이 반려동물과 사별 직후에 일상으로 복귀가 힘든 펫로스 증후군을 겪게 됩니다. 반려동물이 죽고 나서 어느 순간 갑자기 터져 나오는 눈물과 우울감, 잘 보살피지 못했다는 죄책감, 수면장애, 분노, 무기력 등이 짧게는 한두 달 또는 10개월까지 지속되는 것은 상실에 대한 건강하고 정상적인 반응이라고 합니다. 다만 이런 슬픔이 장기간 지속되고 그로 인해 학교나 일터에 갈 수 없고 일상생활에도 장애가 생긴다면, 정신 관련 전문가와 상담을 하는 것이 좋습니다.

펫로스를 경험한 이들 가운데는 반려동물의 죽음을 통해 삶의 새로운 장이 열리는 사람도 있습니다. 예를 들면 고양이의 투병 기록을 매일 블로그에 올려서 같은 처지의 환묘 보호자들에게 공감과 위안을 받은 사람이 책을 발간하고 활동하는 경우가 그렇습니다. 펫로스를 계기로 채식을 시작하는 경우도 종종 있다고 합니다.

반려동물이 죽게 되면, 그로 인한 극심한 상실의 고통을 겪지만 사랑하는 동물의 마지막 여정에 함께하는 특별한 경험도 하게 됩니다. 그래서 저는 여러분에게 꼭 한 번은 반려동물을 키워볼 것을 제안합니다. 반려동물과 맺는 친밀한 정서적 교감, 그리고

부록 **반려동물과 펫로스**

소통을 통해 지금껏 경험해 보지 못한 행복을 누릴 수 있습니다.

또, 동물 역시 인간처럼 각각의 개성이 강하고 섬세한 감정을 표현한다는 것을 알게 됨으로써 모든 생명이 존엄함을 깨닫게 됩니다. 생명이 소중한 것은 반드시 죽기 때문이고, 사랑이 아름다운 것 또한 언젠가는 이별하기 때문입니다. 인간에게 아낌없는 사랑을 베풀다가 먼저 떠나는 반려동물의 죽음을 통해 평범한 일상 속에서 누리는 순간들의 소중함을 느끼면서 삶에 대한 태도가 달라지기도 합니다.

그럼에도 반려인이나 주변의 사람들이 펫로스 증후군에 잘 대처하지 못하는 것은 인간과 동물은 다를 거라는 무지와 편견 때문입니다. 가족으로 초대받은 반려동물들이 인간에게 삶과 죽음에 관해 알려주고 싶은 얘기가 무엇인지, 그들의 죽음을 통해 함께 배웠으면 합니다.